ANALYSEN UND REFLEXIONEN
Band 64

Reiner Poppe

Friedrich Dürrenmatt

Der Richter und sein Henker

Interpretationen – Vergleiche
Hinweise zur Unterrichtsgestaltung

Joachim Beyer Verlag – 8607 Hollfeld/Ofr.

Jedes Kunstwerk stellt auf eine subjektive Weise einen subjektiven Aspekt der Wirklichkeit dar.

(Friedrich Dürrenmatt, 55 Sätze über Kunst und Wirklichkeit)

2. Auflage 1992

ISBN 3-88805-041-3

Druck: Beyer-Druck, Langgasse 23, Hollfeld

INHALT

1. VORBEMERKUNGEN

Angesichts der umfangreichen Literatur zu Friedrich Dürrenmatt und zu seinem künstlerischen Werk erscheint es wenig ergiebig und kaum ermutigend, sich dem weithin bekannten und vielgelesenen Roman **„Der Richter und sein Henker"** noch einmal kommentierend zu nähern. Es ist doch alles schon so oft kompetent ausgeführt: zur eigenwilligen Persönlichkeit des Autors, zu seinem Welt- und Menschenbild, zu seinen spezifischen Ausdrucksformen, zu seiner theoretischen Theaterposition und so weiter, und so weiter ...

Auch unterrichtsbezogene Vorschläge können dem Lehrer inzwischen kaum mehr Neuland zur Erschließung des Romans im 9. und 10. Schuljahr entdecken.

Dennoch haben wir es für die Neuausgabe dieses Bandes unserer Reihe ANALYSEN und REFLEXIONEN recht interessant gefunden, das Vorhandene zu sichten und zu versuchen, dem Leser eine gewissermaßen „wissenschaftlich entlastete" Version nahezubringen, die zwar auf den Standard der jüngeren und auch weiter zurückliegenden Erkenntnisse zurückgreift, aber dennoch etwas Eigenes darstellt:

1. Wir haben uns auf **wenige Hauptaspekte** konzentriert und den Versuch gar nicht erst unternommen, an dem zugrundegelegten Roman den „ganzen" Dürrenmatt aufzuschlüsseln.
2. Mit Grafiken und Schaubildern haben wir **Anschaulichkeit** angestrebt. Das Prinzip der Visualisierungshilfen ist, grundlegende Aussagen so zu elementarisieren, daß der Lernende Einsichten gewinnen kann und zu eigenen Versuchen dieser Art angeregt wird.
3. Diese bewußt vorgenommene Reduktion sehen wir in erster Linie an die **Zielgruppe Schüler** gebunden, nicht so sehr an Studierende, erst recht nicht an den Fach-Wissenschaftler.-

Dem Unterrichtenden mögen die Zusammenfassungen, Skizzen und die Vorschläge zur Realisierung im Unterricht bei seinen eigenen Vorbereitungen nützlich sein.

Im wesentlichen greifen wir dabei auf die Untersuchungen und Darstellungen von H. L. ARNOLD (Hg.), H. GOERTZ, G.P. KNAPP, J. KNOPF und U. PROFITLICH zurück (vgl. Literaturverzeichnis).-

Hilfsmittel der vorliegenden Art können ihren Sinn nur darin haben (und darin auch ihren Wert), dem Lernenden **Wege zum eigenständigen Arbeiten** aufzuzeigen. Die hier „vorgemachten" Schritte sollten möglichst bald eigenständig „nachgemacht" werden können: [1]

a) Der Roman (die Romane) wird (werden) gelesen.
b) Der Leser macht sich ein Bild über den Autor.
c) Eine eigene Deutung („Sinnentwurf") wird mit bereits vorhandenen (Sekundärliteratur) ausgetauscht.
d) Einzelaspekte, die in besonders auffälliger Weise hervortreten („in der Literatur öfter genannt werden"), werden genauer verfolgt.
f) Lektüre anderer Werke und Ausgreifen in weiterfassende, zugleich vertiefende Sekundärliteratur (Einzelaspekte).

Unser Analysen-Band kann und will mithin weder die Lektüre des Romans noch die Auseinandersetzung des Lesers mit der analysierenden, kommentierenden und wertenden Fachliteratur ersetzen. Es mag durchaus vorkommen, daß der Lernende erst über die Informationen, die ihm das Hilfsmittel zuspielt, zur „eigenständigen" Lektüre geführt wird.

Der Schüler als Lernender möge sich jedoch stets vor Augen halten, daß er ein **mündiger Leser** ist, der Texte mit

---

1) Der Begriff „Sinnentwurf" ist übernommen aus: G. Frank/J. Stephan. Der Schüler als Leser. Textrezeption und Literaturunterricht. Freiburg 1979

ganz eigenen Augen und Gedanken lesen kann und sogar soll.

Hollfeld 1989 R.P.

2. DER AUTOR[2)]

Frisch und DÜRRENMATT: unisono im Munde geführt, wenn es gilt, eilig und gesichert Repräsentanten der deutschsprachigen Gegenwartsliteratur zu nennen. Jeder kennt ihre Namen, wenn auch mancher nur flüchtig ihr Werk. Sie sind Legenden, jetzt schon, kritisch vermessen und eingeordnet in den Schrein berühmter, ja unvergänglicher Größen ihrer Art.

Mit Erstaunen und Bewunderung muß man das künstlerische Werk F. DÜRRENMATTS, um den es hier geht, zur Kenntnis nehmen. Die Zahl der Ehrungen und Doktorhüte nötigt zu allem Respekt, selbst wenn man den Autor nicht sonderlich mag. DÜRRENMATT ist ohne Frage eine der schillerndsten Figuren der literarischen Welt unserer Tage, „ein Experimentator und literarischer Vagant, ein Traditionalist und kühner Neuerer, ein Seher und Dulder, einer, der das Außen ergreift und das Innen enthüllt; hinter allem: Liebe und Hoffnung für den Menschen. F. DÜRRENMATT gilt als Moralist von hohen Graden, dessen künstlerischer Einsatz vielleicht nichts zur Rettung der Menschheit, sehr viel aber zur zwischenzeitlichen Besinnung auf Werte von Welt und Leben beigetragen hat", wie ich an anderer Stelle ausgeführt habe.[3)]

---

2) Fundstellen der Zitate I–IX im Anschluß an dieses Kapitel

3) vgl. R. Poppe. BAUSTEINE 661, S. 8

Sein Leben und Wirken in Kürze:

1921 (5. Januar) in Konolfingen (Bern) als Sohn des Reinhold Dürrenmatt (protestantischer Pfarrer) und seiner Frau Hulda, geb. Zimmermann, geboren.

„Das Dorf, in welchem ich geboren wurde und aufwuchs, ist nicht schön, ein Konglomerat von städtischen dörflichen Gebäuden, doch die kleinen Dörfer, die es umgeben und die zur Gemeinde meines Vaters gehörten, waren echtes Emmental ... Es ist ein Land, in welchem die Milch die Hauptrolle spielt." **I**

1933 Besuch der Sekundarschule in Großhöchstetten; Umzug der Familie

1935 nach Bern; Besuch des „Freien Gymnasiums", später des Humboldtianums".

„Ein Dorf ist nicht die Welt. Es mögen sich in ihm Lebensschicksale abspielen, Tragödien und Komödien, das Dorf wird von der Welt bestimmt, in Ruhe gelassen, vergessen oder vernichtet und nicht umgekehrt. Das Dorf ist ein beliebiger Punkt im Weltganzen, nicht mehr, durch nichts bedeutend, zufällig auszuwechseln. Die Welt ist größer als das Dorf." **IIa**

1941 Abitur; Studium der Germanistik, Philosophie und Naturwissenschaften in Zürich und Bern. Intensive Lektüre (Aristophanes, Kierkegaard, Heym, Trakl, Kafka) mit ersten schriftstellerischen Arbeiten; Zeichnen und Malen.

Diese Prosa ist nicht als ein Versuch zu werten, irgendwelche Geschichten zu erzählen, sondern als ein notwendiger Versuch, mit sich selbst etwas auszufechten, oder, wie ich vielleicht besser, nachträglich sage, einen Kampf zu führen, der nur dann einen Sinn haben kann, wenn man ihn verlor." ***IIb***

1943/ Dürrenmatts Wendung zur Literatur. – Erste Veröffentlichungen

1947 (Erzählungen); Arbeit am Theaterstück „Es steht geschrieben". – Heirat mit Lotti Geißler; Basel

1948/ Umzug nach Ligerz (Bieler See). – Arbeit an Theaterstücken

1952 und Kriminalromanen, Hörspielen. – Umzug nach Neuchâtel.

„Ich sagte mir: Wenn ich schon Schriftsteller bin, dann ganz, dann muß ich auch alles können; und so schrieb ich Kabarett und dann auch Kriminalromane, bis mit der „Ehe des Herrn Mississippi" die Wende kam." **III**

1953/ Arbeit an Hörspielen; Theaterkritiken; Filmdrehbuch.

1958 Dürrenmatt avanciert, öffentlich anerkannt, zum unbequemen Theaterschriftsteller. – Ehrungen und Preise (Literaturpreis der „Tribune des Lausanne"; „Preis der Kritiker" von New York; Theaterpreis der Stadt Bern).

1959 Dürrenmatt erhält den „Schiller-Preis" der Stadt Mannheim; in einem Vortrag grenzt er seine Dramaturgie gegen die Bert Brechts ab.

„In Schiller ist die große Nüchternheit spürbar, die wir heute dem Staate gegenüber nötig haben, dessen Neigung, total zu werden, immanent geworden ist: Der Mensch ist nur zum Teil ein politisches Wesen, sein Schicksal wird sich nicht durch seine Politik erfüllen, sondern durch das, was jenseits der Politik liegt, was nach der Politik kommt. Hier wird er leben oder scheitern. Der Schriftsteller kann sich nicht der Politik verschreiben. Er gehört dem ganzen Menschen. So verwandeln sich denn Schiller und Brecht aus unseren Richtern, die uns verurteilen, in unser Gewissen, das uns nie in Ruhe läßt." **IV**

1960/ Neufassung von bereits bearbeiteten Themen;

1962 Beginn der Arbeit an „Die Physiker", die zu einem der größten deutschsprachigen Bühnenerfolge bis in unsere Tage hinein werden.

1963 Arbeit für das Kabarett. – Herausforderung an sein Heimatland mit Zeichnungen zum Band „Die Heimat im Plakat".

1964 Besuch der Sowjetunion nach offizieller Einladung der schweizerisch-sowjetischen Gesellschaft.

1966/ Beginn einer verschärften Politisierung in der Litera-
1967 tur - Emil Staiger wirft der modernen Literatur das Fehlen einer sittlichen Gesinnung vor. - Dürrenmatt antwortet unter dem Titel ‚Varlin schweigt'.

1968/ Vortrag Dürrenmatts in Mainz über ‚Gerechtigkeit
1969 und Recht'. - Theaterarbeit in Basel mit Düggelin im Direktorium des neugegründeten Basler Theaters. - Bearbeitung und Inszenierung von Shakespeare's, König Johann' und Strindbergs, Totentanz'. - Schwere Erkrankung; Differenzen im Direktorium; Dürrenmatt gibt sein ‚Basler Experiment' auf. - ‚Großer Literaturpreis der Stadt Bern' (15 000) Franken). Dürrenmatt gibt den Preis weiter an den jungen Berner Schriftsteller S. Golowin, an den Chefredakteur von ‚Neutralität', P. I. Vogel, und an den Abgeordneten im Berner Kantonsparlament, A. Villard. Öffentliche Entrüstung. - Zum Rücktritt von seinem Basler Theaterposten schreibt Dürrenmatt im ‚Sonntags-Journal':

„Ein Theaterdirektor hat nicht in erster Linie ein Künstler zu sein, sondern ein Theaterleiter. Düggelin leitete das Theater nicht, er verleitete nur Menschen, an seinem nicht geleiteten Theater mitzumachen. Die Öffentlichkeit hält das Theater für Klatsch und die Theaterarbeit für müßigen Zeitvertreib. In Wirklichkeit setzt das Theater strenge Arbeit voraus und stellt eine der Formen des Denkens dar. Dazu braucht es Menschen, die weiter denken. Nur so hat es in unserer Zeit noch seine Berechtigung als kritisches Theater ... Ich setzte mich für dieses Theater mit allen meinen Kräften ein und muß gestehen, daß

ich an diesem Theater der Narren der größte Narr war." ***V***

Ehrendoktorwürde der ‚Temple University' von Philadelphia.

1970/ Verarbeitung von US-Reiseeindrücken. - Beraterfunktion am Zürcher Schauspielhaus unter Harry Buckwitz.

1973 Verärgerung auch in Zürich, als Buckwitz sich am 8. März 1973 von einer Inszenierung Dürrenmatts (‚Der Mitmacher') öffentlich distanziert. - Dazu schreibt Dürrenmatt:

„... Ich habe eineinhalb Jahre an dem Stück gearbeitet. Ich halte den ‚Mitmacher' für das konsequenteste meiner Werke. Vielleicht sogar für das beste ... Es handelt sich um eine Art Faust. Mein Held hat studiert, gelernt und begriffen und kann sein Wissen nicht ausnutzen, um Leben zu schaffen oder auch nur es zu verlängern, sondern er kann nur spurlos vernichten. Ein Faust - in höchst unromantischer Ironie." **VI**

1974/ Dürrenmatt wird Ehrenmitglied („Honorary Fellow")
1975 der Gurion-Universität von Negev. - Rückzug an den Schreibtisch; Arbeit an einem Israel-Essay, 1976 veröffentlicht. Darin schreibt er u.a.:

„Ideologien sind sprachliche Systeme, die sich nicht in der Grammatik, sondern in jenem unterscheiden, was den Inhalt ihrer Begriffe ausmacht. Nur aus dem Glauben heraus, die „richtige" Sprache zu reden, die identisch mit dem Gemeinten ist, sind die ideologischen Kämpfe zu verstehen, die sich zwischen den verschiedenen Richtungen einer Ideologie abspielen ...

Die Juden sind Gottes Volk auf Grund des Bundes, den Gott mit ihnen schloß. Dieser Bund gilt für das Volk und damit für jeden einzelnen. Es ist ein Kollektivvertrag, der die beiden Partner setzt: Gott und das

Volk. Demgegenüber meint der Begriff „Volk" für das primitive vagabundierende darwinistische Denken eines Nazis etwas anderes. Das „deutsche Volk" ist nicht infolge eines Bundes mit Gott auserwählt, sondern infolge seiner Rasse, und das „jüdische Volk" infolge seiner Rasse verflucht, indessen der Kommunist unter „Volk" wieder etwas anderes begreift: den Träger der Revolution." **VII**

1977 Ehrungen und Auszeichnungen:
Ehrendoktorwürde der Universität Nizza; Verleihung der „Buber-Rosenzweig-Medaille". - Uraufführung des Stückes „Die Frist" in Zürich und Basel (!) unter K. Dejmek und H. Neuenfels. - Mäßiger Erfolg. Stellungnahmen zu gesellschaftspolitischen Fragen der Zeit („Radikalenerlaß", „Schleyer-Affaire"). Zur Position des Schriftstellers äußert Dürrenmatt gegenüber L. Arnold: *„... (der Schriftsteller hat) ... unabhängig von der politischen Situation Marksteine zu setzen mit dem Hinweis: es ging auch so, auch so wäre es möglich, es wäre auch eine andere Welt denkbar, eine andere Vernunft. Das muß der Schriftsteller. Nicht Tagespolitik treiben, sondern die Welt immer wieder neu durchdenken."* **VIII**

1978 Fortsetzung der literarischen und zeichnerischen Tätigkeiten unter schwerer gesundheitlicher Belastung. - Erstaufführung des Films: „Der Richter und sein Henker" (Regie: Max. Schell)

1979 Großer Literaturpreis der Stadt Bern. - Uraufführung „Die Panne" in eigener Regie (Wilhelmsbad/Hanau)

1980 Werkausgabe in 30 Bänden bei Diogenes.

1981 Jahr der Ehrungen und der Feierlichkeiten, u.a.
- Internationales Dürrenmatt-Symposion in Los Angeles;
- Zeichnungen und Bilder (Ausstellung in Bern);
- Ehrendoktorwürde der Universität Neuchâtel anläßlich seines 60. Geburtstages.

1983 Tod seiner Frau Lotti.
Ehrendoktorwürde der Universität Zürich.
Die Komödie „Achterloo" wird im Schauspielhaus Zürich uraufgeführt. - Reisen nach Griechenland und Südamerika.

1984 Dürrenmatt heiratet die Journalistin Charlotte Kerr (auch Schauspielerin und Filmemacherin). Ehrung mit der Carl-Zuckmayer-Medaille des Landes Rheinland-Pfalz. Dürrenmatt wird der „Österreichische Staatspreis für Europäische Literatur 1983" verliehen.

1985 „Das zeichnerische Werk" - Ausstellung F. Dürrenmatts in Neuchâtel. - „Minotaurus, eine Ballade. Mit Zeichnungen des Autors". Verleihung des „Jean-Paul-Preises". - Reise nach Agypten. - Roman: „Justiz"

1986 Preise:
- Georg-Büchner-Preis
- Ehrenpreis des Schiller-Gedächtnis-Preises.

„Ich glaube, daß die heutige Menschheit in einer biologischen Krise steckt, daß sie sich in einer gefährlichen Krankheit befindet, aus biologischen Gründen, indem sie so zahlreich geworden ist. Man weiß heute eigentlich alles, wie man überleben könnte. Man hat noch nicht gelernt, es anzuwenden ..." **IX**

1987 Zusammen mit Frisch nimmt Dürrenmatt an einem „Internationalen Forum für den Frieden" in Moskau teil.

1988 Dürrenmatt bietet der Eidgenossenschaft seinen gesamten Nachlaß als „Geschenk" an.

Fundstellen der Zitate:

I	F. Dürrenmatt. Theater-Schriften und Reden, S. 28
IIa	F. Dürrenmatt. Theater-Schriften und Reden, S. 35
IIb	F. Dürrenmatt. „Die Stadt", Nachwort
III	F. Dürrenmatt. Gespräche mit Heinz Ludwig Arnold, S. 19
IV	F. Dürrenmatt. Friedrich Schiller. Eine Rede, S. 46ff.
V	F. Dürrenmatt. Zitiert nach „Die Welt", 21.10.69
VI	F. Dürrenmatt. Zitiert nach „Die Welt", 19.03.73
VII	F. Dürrenmatt. Zitiert nach „Die Zeit", 12.12.75
VIII	F. Dürrenmatt. Gespräch mit Heinz Ludwig Arnold, S. 63
IX	F. Dürrenmatt. Antworten auf Fragen, die Charlotte Kerr ihm in ihrem Film gestellt hat. Zitiert nach H. Goertz, S. 127

Dürrenmatt war Ende Zwanzig, als er die beiden Romane **„Der Richter und sein Henker" - „Der Verdacht"** schrieb. Es ist bekannt, daß er sich in einem wirtschaftlichen Engpaß befand. Er rettete sich mit Auftragsarbeiten für den „Schweizerischen Beobachter" und schrieb einen Fortsetzungsroman. Dann den zweiten. Sie erschienen zwischen dem 15.12.1950/31.03.1951 und dem 15.09.1951/ 29.02.1952. Ihr Erfolg war durchschlagend.

Daß ein junger Autor in einem populären Genre nicht unbeeinflußt von Werken und Autoren schreibt, die vor ihm erfolgreich waren, liegt eigentlich auf der Hand. So darf man als gesichert annehmen, daß sowohl F. GLAUSER als auch G. SIMENON ‚Pate' gestanden haben. Unbeeindruckt von diesen Nachweisen möglicher Beeinflussung (vgl. Spycher u.a.), gibt Dürrenmatt selbst THEODOR FONTANE als einen geistigen Ratgeber an („Der Stechlin"). Für unsere Überlegungen und Ausführungen ist die wenig komplizierte Entstehungsgeschichte der beiden Romane, bei der es eine für Künstler an sich nicht unübliche kritische Lage zu überstehen galt, nicht von vorrangigem Interesse.

Wir machen hier deshalb auch keine weiteren Versuche, den in der Literatur sichergestellten Spuren nachzugehen.

Von ungleich größerem Gewicht ist die Tatsache, daß der Autor in den beiden Romanen ein bereits erstaunlich abgerundetes WELT- und MENSCHENBILD vorträgt und sich als ein sehr skrupelhafter Arbeiter erwiesen hat, der sich darum bemühte, gekonnt und wirkungsvoll zu schreiben. Dies ist ihm bis zur **Unverwechselbarkeit** tatsächlich gelungen.

Wir möchten die biographischen Daten abschließen und mit der Kommentierung eines bekannten Interviews zu den Punkten überblenden, die beide Romane kennzeichnen. Von Dürrenmatts Rollenverständnis des Künstlers wird die Rede sein, von seiner Sicht auf Dinge der Welt und von dem, was der Mensch sei. [4)]

Horst Bienek, selbst ein bekannter Autor, führte das Interview im Sommer 1961, ein knappes Jahrzehnt nach dem Erscheinen der beiden Romane. Es ist bemerkenswert, in welcher Geschlossenheit sie als Fiktion das zeigen, was ihr Autor im späteren Gespräch, als **seinen literarischen Kosmos**, abstrahiert auf den Punkt bringt.

- „Ich glaube, daß ich ein Arbeiter, ein Handwerker bin. Schreiben ist für mich nicht so sehr eine Sache der Stimmung (...) Ich fasse Schriftstellerei streng als einen Beruf auf, als meinen Beruf.
- Der Mensch ist für mich ein Wesen, das nur durch paradoxe, komödiantische Mittel, Formen dargestellt werden kann, denn der Mensch geht nicht so auf wie eine Rechnung, und wo der Mensch so aufgeht, ist die Rechnung sicher gefälscht.
- Der Mensch ist nun aber ein zoon politikon, und der politische Zwinger, in welchem er sich aufhält, aufhalten muß, in welchem er mehr oder weniger gut gefüttert wird und in welchem er seine Gewohnheiten entwickelt, dieser politische Zwinger bestimmt auch ihn.

---

4) vgl. H. Bienek. Werkstattgespräche, S. 120-136. - Die Reihenfolge der Zitate haben wir geändert.

- Das ist die grausame menschliche Begrenztheit der Kunst. Sie ist an sich ohnmächtig, kein Trost, keine Religion, ein Zeichen nur, daß hin und wieder jemand in der allgemeinen Verzweiflung nicht verzweifelte. Mehr als dieses Zeichen kann ich nicht geben. Der Schriftsteller kann seiner moralischen Aufgabe nur dann nachkommen, ich möchte dieses Wort gebrauchen, wenn er Anarchist ist. Er muß angreifen, aber nicht engagiert sein.
- Die Kunst dringt nur noch bis zu den Opfern vor,dringt sie überhaupt noch zum Menschen. Die Mächtigen erreicht sie nicht mehr.
- Ich glaube, daß Wirklichkeit an sich nie erkennbar ist, sondern nur ihre Metamorphosen (...)"

Dürrenmatt hat an seinen beiden Romanen gefeilt, bis sie dem entsprachen, was er wirklich unterschreiben konnte. Nichts ist mit leichter Hand dahingeworfen. Das hätte seinem akribischen Umgang mit Materialien, die er als Zeichner, Grafiker und Maler und mit Sprache als Material, das er als Schriftsteller benutzte, fundamental widersprochen. Die Sachwaltung dessen, was uns anvertraut ist, erscheint ihm, dem Verletzbaren, ohnehin schon fahrlässig genug.

Ein Außenstehender, ist er gleichzeitig aber Teil eines zusammenwirkenden Ganzen: der menschlichen Gemeinschaft, allesamt verwoben in die machtvollen Zwänge, von denen die Welt beherrscht wird. Die Unauslotbarkeit der Verhältnisse, die Unberechenbarkeit des Menschen im Feld wahrnehmbarer und nicht wahrnehmbarer Kräfte, führt den Künstler Dürrenmatt notwendigerweise auf die Spur des Absurden.

Um daran nicht kaputtzugehen, braucht er die Distanz: den Humor, die Ironie und Selbstironie, die Form der modernen Komödie. - Mit großem Erschrecken müssen wir durch seine Augen erkennen, daß offenbar alle beschwörenden Appelle verhallen, und nur noch die Gequälten, zu denen er selber gehört, aufgestört werden können. Die anderen,

Gastmann und viel Größere einschließlich ihrer Vasallen, sind draußen; **es geht sie nicht an.** Logischerweise muß Dürrenmatts Kunst Wirklichkeiten abbilden (- entwerfen), die andere sind als die von uns erfaßten und wahrgenommenen.

Dürrenmatts Leitzitat zu diesem Band der ANALYSEN und REFLEXIONEN stellt genau die Summe dessen dar, was dem Leser während der Lektüre der beiden Romane passiert: Auch er fühlt sich hineingezogen in die **schizophrene Wirklichkeit,** in der vieles so ist, wie es gar nicht sein kann, und vieles (subjektiv) „wahrer" als die Wirklichkeit selbst.

Im Verlaufe unserer Kommentierungen kommen wir wiederholt auf diese Punkte zurück. Dabei möchten wir sozusagen spiralisch „Rundungen des Verständnisses" aufbauen von Inhaltsmomenten bis zur differenzierten kritischen Wertung. Es mag auch reizvoll sein, sich zuerst mit den etablierten Meinungen prominenter Verfasser auseinanderzusetzen (Kap. 4.3). Wie auch immer - der Leser wird jetzt in die „Welt des Absurden" entlassen, und wir hoffen, daß er das Mitgeteilte mit Interesse und Gewinn aufnimmt.

3.DER TEXT

Struktur des Textes [5)]

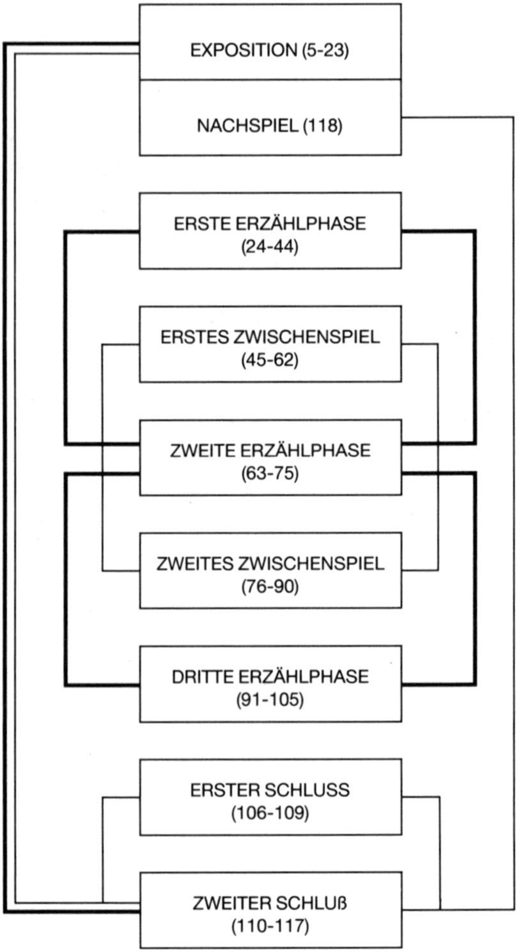

5) nach G.P. Knapps Aufbauanalyse (vgl. dort 2. 20-24) grafisch

KOMMENTIERTE INHALTSANGABE

- Kurzfassung -

Um dem Leser in Erinnerung zu rufen, was er längst weiß:

S. 8	Dunkel um einen Mord
S. 14/15	Der Verdacht: Tschanz
S. 18	„Deckungsgleichheiten"
S. 20/22	Katz- und Mausspiel
S. 25	Motive: Tschanz' Neidgefühle
S. 26/30	vergebliche Nebenfährte
S. 33	kalkuliertes Risiko: bei Gastmann
S. 42/44	Haß
S. 61	Warnung: auf dem Friedhof
S. 70/71	Tödliche Feindschaft- aber der Mörder ist ein anderer.
S. 81	Beim Schriftsteller
S. 86	Tschanz verliert die Beherrschung.
S. 92	Mordversuch an Bärlach
S. 96/97	Ein zweiter Versuch - nun ist auch der skeptische Leser im Bilde.
S. 100	Bärlachs Drohung und „Versprechen" gegenüber Gastmann
S. 101	Der Mörder: Tschanz
S.111/112	Der Mörder ist gestellt.
S. 113/117	Aufklärung
S. 118	Es gibt keinen Ausweg mehr.

Knapp kommentiert geben wir auf den folgenden Seiten eine Inhaltsübersicht, in der die „Stichwörter der Erinnerung" im Detail ein wenig aufgefüllt werden. Am Schluß des Kapitels findet der Leser eine Grafik [6], in der die besondere

6) entnommen: R. Poppe, BAUSTEINE 661, S. 81

Art der Dürrenmatt'schen Enthüllungstechnik in diesem Roman veranschaulicht wird.

EXPOSITION

Am 3. November (1948) findet der Polizist von Twann, Alphons Clenin, die Leiche des Polizeileutnants von Bern, Ulrich Schmied. Dieser liegt mit durchschossenen Schläfen auf dem Steuerrad eines blauen Mercedes am Rande der Straße von Lamboing oberhalb der Twannbachtalschlucht. Clenin fährt den Wagen mit dem toten Polizeileutnant hinunter nach Biel. Kommissar BÄRLACH, der Vorge-
(4) setzte des toten Polizisten, wird mit der Aufklärung des Falls beauftragt.

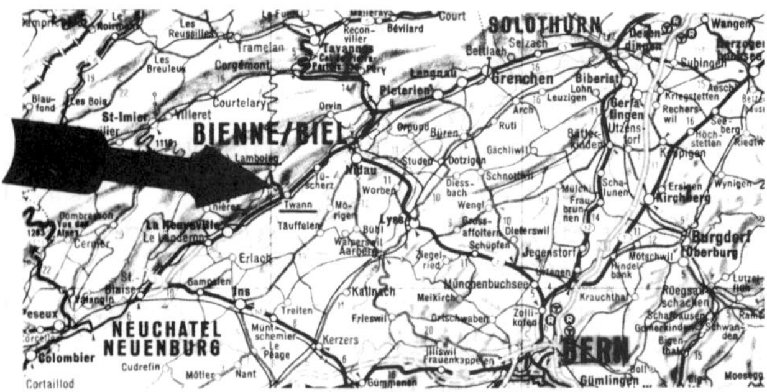

Bärlach ordnet an, die ganze Angelegenheit zu-
(8) nächst noch nicht zu veröffentlichen. Unverzüglich sucht er die Familie Schönler auf, bei der Schmied zuletzt gewohnt hatte. Auf dem Schreibtisch entdeckt er eine Mappe, die er an sich nimmt. Während des Mittagessens vertieft sich Bärlach in den Inhalt der Mappe. Anschließend geht er zu Dr. L. Lutz, seinem Chef, um ihn über den Stand der ersten Erkenntnisse zu informieren. Lutz ist nicht sehr zufrieden und fragt Bärlach, ob er schon konkrete

Verdachtsmomente habe. Bärlach bejaht, ohne
allerdings Namen zu nennen, und bittet Dr. Lutz, ihm
- nicht zuletzt aufgrund seiner angegriffenen
Gesundheit- einen Assistenten zur Seite zu geben.
Der Polizist TSCHANZ, der noch Urlaub im Berner
Oberland macht, ist nach seiner Ansicht der geeig-
(17) nete Mann dafür. Dr. Lutz stimmt dem zu. - Am
Nachmittag desselben Tages noch fährt Bärlach
nach Twann und findet (ganz „zufällig") eine Revol-
verkugel am Tatort.

Tschanz meldet sich am Vormittag des nächsten
Tages zur Stelle. Bärlach konstatiert eine verblüf-
(18) fende Ähnlichkeit zwischen Tschanz und dem
ermordeten Polizeileutnant. Als Bärlach ihm die
Kugel zeigt, stellt sein "Assistent" sehr sachkundig
fest, daß sie aus einem Armeerevolver stamme.
Überdies hat er eine Theorie parat, wie sich der Mord
an Schmied abgespielt haben könnte. Bärlach stimmt
(20) den Vermutungen Tschanz' nachdenklich zu. -

Tschanz, der das Polizeiprotokoll zur Sache gründlich studiert hat, klärt Bärlach auf, daß Polizeileutnant Schmied unter seinem Mantel einen Gesellschaftsanzug getragen habe. Im Taschenkalender habe sich darüber hinaus für den zweiten November ein „G" befunden. Daraus sei zu schließen, daß sich Schmied auf dem Wege von oder zu einem gesellschaftlichen Ereignis in der Nähe von Lamboing befunden habe, dies nicht an jenem Abend nur, sondern öfter bereits, wie ähnliche Eintragungen im Kalender auswiesen. Darüber hinaus habe er, Tschanz, von Frau Schönler erfahren, daß sich Schmied jedesmal einen Gesellschaftsanzug angezogen habe, wenn er an den mit „G" bezeichneten Tagen weggefahren war. „G" jedoch könne nun allerlei bedeuten. -

Als Tschanz seinen älteren Kollegen nach möglichen Verdachtspersonen fragt, antwortet dieser ihm

ebenso zurückhaltend, wie er Dr. Lutz geantwortet hatte. Allerdings läßt er erkennen, daß die von ihm gehegten Vermutungen eine ziemlich eindeutige Richtung haben, allein der Mörder ihm die Beweise
(22) selbst liefern müsse. Tschanz solle den Mörder finden, er Bärlach, werde ihm bestätigen, ob er auf dem richtigen Weg sei. Nur zögernd stimmt Tschanz dieser Vorgehensweise zu. Am Abend noch will er nach Lamboing fahren, denn Schmied hatte für den heutigen Tag wiederum ein „G" in seinem Kalender vermerkt. Mehr scherzhaft fragt er Bärlach, ob er ihn begleiten wolle. Als Bärlach zusagt, ist Tschanz
(23) ziemlich verwirrt, muß sich jedoch in die Situation fügen.

Bärlach hat Tschanz eindeutig im Verdacht und beginnt sein gnadenloses Katz- und Mausspiel mit dem gefährlich intelligenten Kollegen. Tschanz - vorsichtig, mißtrauisch und zugleich verunsichert - scheint zu ahnen, wie Bärlach die Schlinge enger ziehen will, und geht auf das ‚Spiel' ein. Er, als der Mörder Schmieds, muß versuchen, die Fäden geschickt zu knüpfen, um sich nicht in seinem eigenen Netz zu verfangen. Er hat einen winzigen Vorsprung gegenüber Bärlach, der mit der Witterung des erfahrenen Kriminologen, mit seinem scharfen Verstand und mit seinem Haß auf den Mörder eines Kollegen, dessen Können er schätzte, die Knüpffehler in diesem Netz entdecken muß und teilweise bereits entdeckt hat. Eine Reihe hintergründiger Äußerungen Bärlachs bringt den aufmerksamen Leser bereits zu Beginn auf die Spur Tschanz. Hier wird auch für jeden, der zu Beginn des Romans noch ahnungslos sein muß, das Lesen zum Vergnügen und intellektuellen Genuß im Erkennen der Fehler des einen und des raffinierten Fallenstellens des anderen:

- Tschanz, der war uns über ... - (19)
- Sie haben recht, Tschanz, so ähnlich muß es zugegangen sein ... - (20)
- Ich bin ein großer alter schwarzer Kater, der gern Mäuse frißt ... - (21)
- Sie haben Schmieds Mörder festzustellen ... Wenn der, den ich verdächtige, der Mörder ist, werden Sie selbst auf ihn stoßen ... - (22)

ERSTE ERZÄHLPHASE

Als Tschanz den Kommissar um sieben Uhr abends
abholt, findet er die Haustüre unverschlossen. Nach
einigem Zögern tritt er aber ein. Er hört die ruhigen
Atemzüge des (schlafenden) Bärlach. Beim Umse-
hen entdeckt er eine Reihe ihm seltsam vorkommen-
der Gegenstände, die ihn erschrecken. Bärlach hat
Tschanz längst wahrgenommen und erklärt ihm, daß
er die Dinge aus Konstantinopel habe. Er hat aber
tatsächlich geschlafen, „das erste Mal seit Tagen";
sonst quält ihn sein Magen so sehr, daß er keine
(25) Ruhe finden kann. Tschanz rät ihm, zu Hause zu blei-
ben. Doch Bärlach weist diesen Vorschlag weit von
sich. - Zur Überraschung Bärlachs fährt Tschanz
dann einen nicht eben üblichen Weg. Das Gespräch
kommt auf Schmied, über den Tschanz sich nei-
(26) disch äußert. Um 20 Minuten vor acht sind sie am
Ziel und halten auf der Straße von Twann nach Lam-
boing. Nach einiger Zeit, die Bärlach nutzt, um von
Tschanz den Stand der Ermittlungen zu erfahren,
fahren drei Autos an ihnen vorbei in Richtung des
Ortes, in dem Tschanz ein gesellschaftliches Ereig-
(30) nis vermutet, an dem auch Schmied teilgenommen
hätte nach den Eintragungen in seinem Kalender.
Bärlach und Tschanz folgen den Autos in einigem
Abstand. Die Fahrt endet vor einer erleuchteten Villa.
Nach einer kurzen Zeit gehen die Lichter aus, und
die beiden Kriminalbeamten nähern sich vorsichtig
dem nunmehr in vollkommener Dunkelheit liegen-
den Haus. An der Gittertüre der niedrigen Garten-
mauer ist ein Schild zu erkennen, auf dem ein großes
„G" abgebildet ist. „G" steht für einen gewissen
(31) GASTMANN, wie Tschanz dem Telefonverzeichnis
entnommen habe. Beide gehen getrennt um das
Gebäude, als der Kommissar plötzlich von einem
großen Hund angefallen wird. Tschanz kommt im
(33) rechten Augenblick hinzu und erschießt das Tier.

Im Haus ist man auf die Vorgänge, die sich draußen mit einiger Lautstärke abgespielt haben, aufmerksam geworden. Einer der Gäste, Nationalrat Oberst von Schwendi, kommt heraus. Bärlach erklärt das Vorgefallene und verlangt, Gastmann zu sprechen. Er wird jedoch auf den folgenden Tag vertröstet, an dem von Schwendi als Gastmanns Rechtsbeistand zur Polizei gehen werde. - Bärlach beauftragt Tschanz, den Polizisten von Lamboing inzwischen über Gastmann zu befragen. Bärlach selbst will in einem kleinen Restaurant am Anfang der Twannbachtalschlucht auf Tschanz' Rückkehr warten. - Tschanz erfährt einiges über einen Schriftsteller, der Gastmann nach Ansicht des Lamboinger Polizisten gut kennt, und nur wenig Aufregendes über Gastmann, einen großzügigen und im Kanton allgemein
(40) beliebten „Menschen". Tschanz nimmt sich vor, ihn am nächsten Tag zu besuchen.

Wie verabredet will er Bärlach im Restaurant abholen, hält aber noch einmal vor dem Hause Gastmanns an. Der tote Hund ist bereits fortgeschafft. Im Restaurant teilt ihm die Wirtin mit, der Kommissar habe sich schon in Richtung Twann aufgemacht.
(43) Unweit der Mordstelle trifft Tschanz den Kommissar. Zusammen fahren sie weiter, ohne in dem stokkenden Gespräch mehr Klarheit in die Mordsache bringen zu können. - Zu Hause angekommen, nimmt Bärlach einen Revolver aus der Manteltasche. Sein linker Arm ist mit dicken Tüchern umwickelt, die man unter dem Wintermantel nicht erkennen konnte.

Bärlach setzt die angekündigten Mittel konsequent ein, um den Mörder Schmieds zu Fehlern zu verleiten. Er weiß mehr, als Tschanz ahnt, stellt sich allerdings unwissend und treibt ein doppeltes Spiel mit seinem Kollegen.

Er überläßt ihm ganz die Initiative im Handeln und bekommt Resultate, die sich zu einem Bild des Mörders zusammensetzen. Dabei setzt Bärlach sich gefährlichen Situationen aus; das jedoch ist kalkuliertes Risiko. Tatsächlich macht Tschanz die gewünschten Fehler, ohne es zu merken. In welch gefährlicher Art Bärlach den Kollegen herausfordert, machen wiederum einzelne Äußerungen klar, an denen sich auch Tschanz allmählich ausrechnen wird, wie nahe der Kommissar ihm inzwischen auf den Fersen ist:

- Seid klug wie die Schlangen ... (25)
- Ich habe Ihnen den lückenlosen Beweis geliefert. / Ja, der Beweis ist lückenlos. Aber was nützt Ihnen das, Tschanz ... (27)
- Oder glauben Sie, daß ein Gendarm etwas mit einem Mord zu tun habe? / Es ist alles möglich, Tschanz ... (31)

ERSTES ZWISCHENSPIEL

Am nächsten Tag muß sich Dr. Lutz Beschwerden von Schwendis anhören, der das Vorgehen der Beamten gegenüber Gastmann rügt. Nicht dieser, sondern viel eher der Ermordete müsse die volle Aufmerksamkeit der Polizei beanspruchen, habe er sich doch unter dem Namen „Dr. Prantl, Privatdozent
(47) für amerikanische Kulturgeschichte in München" auf Gastmanns Gesellschaften eingefunden. Die Polizei habe zu klären, was Schmied unter falschem Namen

in Lamboing zu suchen gehabt habe. Die Zusammenkünfte im Hause Gastmanns seien rein geschäftlicher Natur gewesen, die abendlichen Gesellschaften eine Art Tarnung für die Unterredungen von Industriellen einer ausländischen Macht. Dr. Lutz
(50) sichert von Schwendi zu, Gastmanns Haus nicht durchsuchen zu lassen und ihm auch Verhöre zu ersparen. - Es regnet in Strömen, als Schmied beigesetzt wird. Unter den Trauergästen ist auch ein blasses Mädchen, vom Regen aufgeweicht: Anna, Schmieds Freundin.

Ein unliebsamer Zwischenfall stört die Beerdigung: Zwei augenscheinlich betrunkene Männer werfen grölend einen Lorbeerkranz auf Schmieds Sarg. Auf
(61) der Schleife steht: „Unserem lieben Doktor Prantl." In das allgemeine Entsetzen hinein prasselt der Regen stärker auf die Trauergemeinde, die sich Schutz suchend auflöst.

ZWEITE ERZÄHLPHASE

Als Bärlach nach Hause kommt, trifft er Gastmann. Er hat es sich im Lehnstuhl des Kommissars bequem gemacht und blättert in den Aufzeichnungen Schmieds. Bärlach und sein Gegenüber - so wird im folgenden Gespräch deutlich - kennen sich bereits seit 40 Jahren. Am Anfang seiner Berufskarriere
(63) hatte Bärlach als „junger Polizeifachmann" seinen Dienst in der Türkei verrichtet. Dort hatte er gegen den Mann, der ihm jetzt gegenübersitzt, eine Wette verloren, deren Inhalt die Realität des „perfekten Verbrechens" gewesen ist. Gastmann hatte es damals vor den Augen des Schweizer Polizeibeamten begangen und war entgegen dessen Annahme straffrei geblieben. Seitdem, so erinnert der Besucher den Kommissar, seien ihre Wege immer weiter

auseinandergegangen: der eine (Bärlach) habe sich bemüht, ein perfekter Kriminalist, der andere(Gastmann) ein immer „besserer Verbrecher” zu werden.
(69) So sehr Bärlach sich auch anstrenge, er werde ihn nie mehr einholen und zur Rechenschaft ziehen können, allein wegen seiner fortgeschrittenen Krankheit nicht. Gastmann fordert ihn deshalb auf, die Jagd endgültig aufzugeben. Wie um Bärlach die Vergeblichkeit des Tuns und die Gefahr zu verdeutlichen, in der sich dieser befindet, wirft er mit leichter Hand ein Messer, das den Kommissar leicht an der Wange streift und sich dann tief in den Lehnstuhl bohrt. Es hätte ihn ebensogut treffen können. Daraufhin nimmt Gastmann die Mappe, in der er geblättert hatte, an sich und verläßt Bärlachs Haus. - In einem krampfartigen Anfall bricht der Kommissar zusammen, rappelt sich aber bald wieder hoch. Von
(72) Dr. Lutz erfährt er am Nachmittag, daß Gastmann allen Überprüfungen standhält und überall als ein Ehrenmann angesehen wird, über jeden Verdacht eines Mordes erhaben. Dr. Lutz zählt (belanglose) Einzelheiten über Gastmanns Verdienste und gesellschaftliche Stellung auf, die Bärlach einsilbig-ironisch kommentiert. - Zusammen mit seinem Kollegen Tschanz fährt der Kommissar dann im blauen Mercedes Schmieds, den Tschanz auf Abzahlung gekauft hat, zum Schriftsteller. Tschanz zeigt sich überrascht, daß er nicht zum verdächtigten Gastmann will, und erfährt auf seine Frage auch nichts über den Inhalt der Mappe, die Bärlach an sich ge-
(75) nommen hatte.

Ganz offensichtlich scheidet Gastmann für Bärlach als „Primitiv-Täter" im Mordfall Schmied aus. Das scheint bereits vor seinem Gespräch mit Dr. Lutz klar zu sein. - Ohne das Ziel aus den Augen zu verlieren, Gastmann doch noch zur Strecke zu bringen, konzentriert sich Bärlach immer mehr auf seinen Kollegen Tschanz. Dieser gerät zunehmend schärfer in das Fadenkreuz der Beobachtungen, logischen Schlußfolgerungen und scheinbar ziellosen Handlungsweisen des Kommissars. Alles, was er im Zuge seiner Aufklärungsarbeit tut, ist auf Irritation des Mörders angelegt. Es läßt sich erkennen, daß Bärlach das Motiv und damit den Täter kennt und ihn zu weiteren Fehlern verleiten will. - Für Knapp ist diese zweite Erzählphase das „Kernstück der Romanstruktur", wie die nachstehende Skizze verdeutlichen soll. [7]

7) G. K. Knapp führt aus, daß diese zweite Erzählphase „für die Deutung des gesamten Textes nahezu alle notwendigen Informationen" liefert. –
Vgl. G.K. Knapp, a.a.O., S. 22

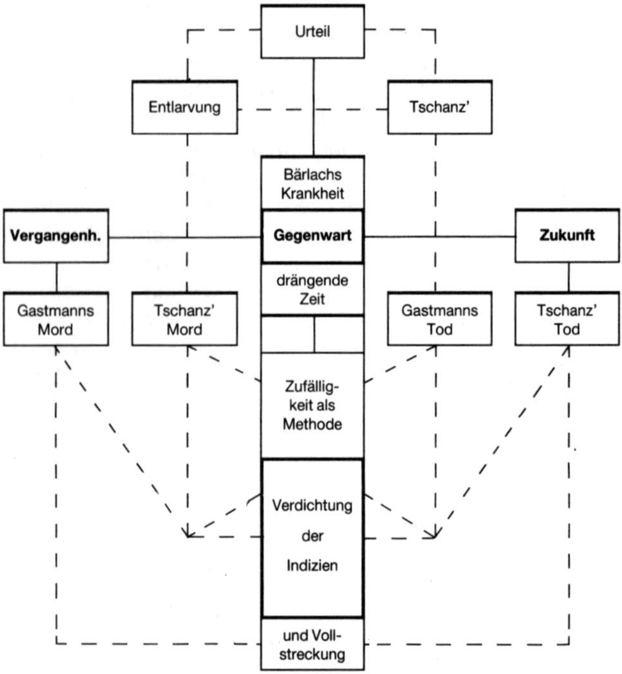
Urteil
Entlarvung
Tschanz'
Bärlachs Krankheit
Vergangenh.
Gegenwart
Zukunft
drängende Zeit
Gastmanns Mord
Tschanz' Mord
Gastmanns Tod
Tschanz' Tod
Zufälligkeit als Methode
Verdichtung der Indizien
und Vollstreckung

ZWEITES ZWISCHENSPIEL

Der Besuch beim Schriftsteller bringt Bärlach und
seinen Kollegen Tschanz in der Mordangelegenheit
nicht weiter. Der Schriftsteller teilt nicht die hohe
Wertschätzung, die Gastmann allgemein genießt.
„Gastmann ist ein schlechter Mensch." - Tschanz
(80) drängt darauf, Gastmann und seine Bediensteten zu
verhören, findet aber Bärlachs Zustimmung nicht.
Schließlich verliert Tschanz die Nerven und ereifert
sich (auf verräterische Weise) gegenüber dem Kom-
(86) missar. Bärlach bleibt ungerührt und unnachgiebig.
Er kündigt seinem Mitarbeiter an, daß er für eine
Woche nach Grindelwald fahren will, dorthin, wo
Tschanz unlängst Urlaub gemacht hat. Er begründet
(87) dies mit seinem schlechten Zustand: „Ich bin alt und
krank." - Abends besucht Bärlach seinen alten
Schulfreund, Dr. Hungertobel, und bringt in Erfah-
rung, daß dort eingebrochen worden ist. Der Einbre-
cher hatte sich offensichtlich für Bärlachs Kranken-
geschichte interessiert, die ganz „oben auf dem
Schreibtisch" lag. Der Kommissar übergeht schein-
(89) bar die Mitteilung, vertraut sich dem Arzt aber mit
seiner aktuellen Krankensituation an. Dr. Hungerto-
bel läßt keinen Zweifel am Ernst der Lage und teilt
Bärlach mit, daß er innerhalb von drei Tagen operiert
werden müsse. Der Kommissar ist keineswegs
überrascht, verblüfft hingegen der Arzt mit seiner
Voraussage, nur noch ein Jahr zu leben. Zögernd
bestätigt Dr. Hungertobel die Prognose. - Es verblei-
ben Bärlach zunächst nur noch 48 Stunden, den Fall
Schmied zu lösen.

Bärlach dirigiert Tschanz äußerst geschickt dorthin, wo er ihn haben will. Tschanz wird nervös und macht entscheidende Fehler. Mit seinem Verhalten lenkt er Bärlachs Maßnahmen gegen sich selbst, ohne sich darüber klar zu sein. - Nicht nur er ist verwirrt, auch der Leser muß sich „anstrengen", Bärlachs Weichenstellungen zu folgen. Die Handlung steigert sich dramatisch (durch Bärlachs schlimmen Gesundheitszustand). Jede Maßnahme, die er jetzt trifft, muß „sitzen". Mit jeder Entscheidung aber auch, die er trifft, muß dem Mörder Schmieds klarer werden, wie nahe ihm der Kommissar bereits ist. - Es ist nunmehr eindeutig, daß er Tschanz benutzt, um Gastmann doch noch auszuschalten. Tschanz stolpert in die Falle, kontert jedoch Bärlachs ironische Anspielung („Ochse") am
(81) Schluß des Kapitels mit dem gefährlichen Satz: „Die Höhe tut nicht immer gut, Kommissar." - Es
(82) ist nur noch eine Frage der Zeit, **wann** und **wie** der Mörder (Tschanz) seinen Verfolger abschütteln will.

DRITTE ERZÄHLPHASE

Mitten in der (folgenden) Nacht wacht Bärlach plötzlich auf, weil jemand in das Haus eingedrungen ist. Zwischen dem Unbekannten und dem Kommissar beginnt ein Kampf auf Leben und Tod, in dem Bärlach mit Glück und Geschick zum dritten Male eine bedrohliche Lage übersteht: das gegen ihn geschleuderte türkische Schlangenmesser verfehlt ihn nur knapp, und schließlich schlägt der alte
(95) Kommissar seinen Gegner in die Flucht, als der mit drei Pistolenschüssen aus dem Fenster seine Nach-

barn weckt und auf die Vorgänge aufmerksam macht. - Nachdem Bärlach sich beruhigt hat, verständigt er seinen Kollegen, der ihm abrät, nach Grindelwald zu fahren. Doch Bärlach hält an seinem Entschluß fest. Er wird nicht schlafen, verriegelt aber die Tür, so daß Tschanz, der noch einmal zurückkommt, nicht hineinkann.

Die Karten sind aufgedeckt. Mit absoluter Klarheit spricht Bärlach nunmehr aus, daß er weiß, wer der Einbrecher (und damit zugleich der Mörder Schmieds) ist:

„... ich weiß, wer es gewesen ist. Ich weiß es; ich weiß es." (97)

Ob Bluff oder nicht, Tschanz muß nunmehr auf's Ganze gehen, doch sein nächster Versuch schlägt fehl. - Diesem Spannungshöhepunkt folgt ein Absinken der Spannungskurve, die dann zum letzten Höhepunkt, der Tötung Gastmanns und der Entlarvung Tschanz', ansteigt.

Am nächsten Morgen steigt Bärlach in ein telefonisch herbeigerufenes Taxi, in dem zu seiner großen Überraschung Gastmann sitzt. Er fordert den Kom-
(99) missar noch einmal auf, die Jagd nach ihm aufzugeben. Doch Bärlach erinnert ihn, daß sie beide schuldhaft in ihre Vergangenheit verstrickt sind: „Du bist in jener Nacht in der Türkei schuldig geworden, weil du die Wette geboten hast, Gastmann, und ich, weil ich sie angenommen habe." - Der alte Kriminalist sagt ohne Umschweife, daß er Gastmann nicht mit dem Mord an Schmied in Zusammenhang bringe, ihn dennoch des Verbrechens zu überführen gedenke, das dieser eben **nicht** begangen habe. - Gastmann ist jäh erstaunt und bekennt, den Kommissar vielleicht doch unterschätzt zu haben. Deshalb werde er ihn das nächste Mal töten. Doch Bär-

lach entgegnet ruhig mit einer furchtbaren Voraussage: „Du wirst den heutigen Tag nicht mehr überleben. Der Henker, den ich ausersehen habe, wird
(100) heute zu Dir kommen ..." - Dann steigt er aus dem Taxi, Gastmanns hilflose Verwünschung im Ohr. -

Tschanz spricht Schmieds Freundin Anna nach der Kirche an und nimmt ihr Versprechen entgegen, ihm „das gleiche wie dem verstorbenen Bräutigam zu sein", wenn er den Mörder zur Strecke gebracht hat. Dann fährt er nach Lamboing, wo Gastmann und seine beiden Diener im Begriff sind, sich abzusetzen. Gastmann schaltet schnell (in Erinnerung an Bärlachs Worte). Einer der Diener schießt auf Tschanz, verwundet ihn nur leicht. In „Notwehr" er-
(105) schießt Tschanz daraufhin beide Diener und Gastmann.

Folgerichtig setzt Bärlach nach dem mißglückten Mordversuch an ihm zu seinem letzten Schlag an. Er weiß, daß Tschanz nunmehr unausweichlich als sein „Werkzeug" handeln wird, um die „Beweise" des Mordes an Schmied zu liefern und gleichzeitig sein angestrebtes Ziel zu erreichen, auch die Braut seines Vorgängers zu besitzen. - Während die Begegnung Bärlachs/Gastmanns im Taxi einen ganz überraschenden Kulminationspunkt darstellt, gerät die Schießerei zwischen Tschanz und Gastmann bzw. dessen Leuten zu einem „Versatzstück zweitrangiger Detektivromane", wie G.P. Knapp schreibt. [8]

8) Zwar haben wir es in der Begegnung zwischen Bärlach und Gastmann mit einem für die Gattung typischen „blinden Motiv" zu tun, doch hebt sich die Qualität ihrer Auseinandersetzung von der Schießerei-Szene effektvoll ab: Tschanz' Handeln wird von Besitzgier und Eifersucht bestimmt. – Dürrenmatt versteht es hier, dem Leser die unterschiedliche psychologische Situation Bärlachs und Tschanz' augenfällig klar zu machen. Darüber hinaus „entlastet" die triviale Geschehenskomponente den Leser.

ERSTER SCHLUSS

Die nachfolgenden Routineuntersuchungen bescheinigen ein überraschendes Ergebnis: Schmied hat auf eigene Faust gegen Gastmann gearbeitet und hat versucht, sich in den Besitz von belastenden Unterlagen zu bringen. Seinen Alleingang hat er mit dem Leben bezahlt. Die Waffe, mit der er getötet worden ist, hat nach den ballistischen Untersuchungen einem der beiden Diener gehört, die von Tschanz erschossen worden waren. - Für
(108) Dr. Lutz ist der Fall abgeschlossen. Auch Bärlach scheint zufrieden, das Ziel, das er über Jahrzehnte verfolgt hat, ist erreicht. Gastmann ist tot, der Mordfall Schmied (scheint) gelöst, [vielleicht nicht ganz, wie sich der Leser das zurechtgelegt hat.]

ZWEITER SCHLUSS

Am Abend desselben Tages ist Tschanz zu Gast bei Bärlach. Es gibt viel zu feiern, u.a. auch die Beförderung Tschanz'. Der Kommissar inszeniert eine wahre Freß-Orgie und sagt seinem Mitarbeiter rundheraus, daß er, Tschanz, Schmieds Mörder sei. - Punkt für
(112) Punkt hellt Bärlach nunmehr die Vorgänge auf. Die Ermordung Schmieds hatte genauso stattgefunden, wie Tschanz es dem Kommissar zu Beginn der Ermittlungen gesagt hatte (S. 19/20). Tschanz erfaßt die Ausweglosigkeit seiner Situation und will Bärlach töten. Doch mit einem Bluff lenkt dieser ihn von seinem Vorhaben ab, zugleich verspricht er, Tschanz gegenüber Dr. Lutz nicht zu verraten. - Tschanz geht
(117) hinaus in die Nacht.

NACHSPIEL

Bärlach ist am Ende seiner Kräfte. Er hat mit hohem Einsatz gespielt. Am frühen Morgen erfährt er von Dr. Lutz, der aufgebracht ins Haus stürmt, daß Tschanz tödlich verunglückt sei. Bärlach reagiert darauf nur mit dem Hinweis, es sei Dienstag, und Dr. Hungertobel könne ihn nunmehr operieren.

> Im Kapitel 2 wurde herausgestellt, daß die Überraschungseffekte zu den charakteristischen Mitteln der Dürrenmatt'schen Komödientheorie gehören. - Der zweifach verzögerte Schluß mit seinen verwirrenden und retardierenden Momenten verwirklicht sie theatralisch. Am Ende des Romans steht ein „Theatercoup", wie G.P. Knapp schreibt, „der alle handlungstechnisch lockeren Fäden zufriedenstellend verknüpft. [9] –

Mit Dürrenmatt als Erzähler und seiner Ästhetik des Zufalls befaßt sich das folgende Teilkapitel ausführlicher. Dabei beziehe ich auch den Roman **„Der Verdacht"** mit ein. Er ist nicht allein wegen seiner Berücksichtigung im didaktisch-methodischen Kapitel (5.) relevant, sondern erlaubt als **Parallelbeispiel** zu dem Roman, dessen Inhalt soeben wiedergegeben und knapp kommentiert wurde, einen genaueren und interessanteren Nachweis der Eigenheiten von Friedrich Dürrenmatts Erzähltechnik.

---

9) vgl. G. P. Knapp, S. 24

4. MOMENTE DER REFLEXION

4.1 DAS THEMA DER GEWALT UND LOGIK DES ZUFALLS

Eine der zentralen Chiffren in Dürrenmatts künstlerischer Ausdruckswelt ist das „Labyrinth", jene „mythologische Vorstellung, die sowohl den Autor als auch den Maler Dürrenmatt schon immer beschäftigt hat." [10] Wir haben uns dieses Bildes nicht allein im Zusammenhang mit seiner **Komödientheorie** [11] zu erinnern, sondern erkennen es auch in seinem gesamten Prosaschaffen in den Erscheinungen einer zerstörten, unüberschaubaren und sich zuweilen phantastisch-grotesk gebärdenden Welt, in der unberechenbare Zufälle und Gewalttätigkeiten aller Art wirken. Kein Erzählwerk, das nicht den Gesetzesbruch und das Verbrechen thematisiert; kein Werk, in dem sich nicht beinahe syndromhaft die unkontrollierbaren Gesetzmäßigkeiten der Gewalt und der Zufälle verdichten - von „Grieche sucht Griechin" bis „Das Versprechen", von „Der Sturz" bis „Mondfinsternis". Die frühe Detektivgeschichte **„Der Richter und sein Henker"** und auch dessen Fortsetzung **„Der Verdacht"** bilden mit ihren Themen der Verbrechen und Gewalt keine Ausnahmen. Sie sind Ausdruck einer Welt- und Daseinsbeschreibung, die in immer neuen Varianten labyrinthische Bedrohungen vorführt, abgeleitet aus immer wieder derselben Vorstellung, einmündend in immer wieder ähnliche „Erlebnisse" seiner kritisch-reflektierenden Art ihrer Bewältigung. Dazu führt H. Goertz aus: „Im Mittelpunkt (...) steht der ideologiefeindliche Mensch, realistisch, desillusioniert bis zum Nihilismus, dazu verurteilt, sich selbst zu entwerfen, ohne Gnade auf sich selbst gestellt. Von dieser Stimmung sind auch die ersten Schriften und Stücke Dürrenmatts durchtränkt. Zugleich überwindet er

10) vgl. G. P. Knapp, S. 10

11) Wir verweisen auf die Werkausgabe Dürrenmatts. – Ausreichende Begleitinformation bei U. Staehle (Hg.). Theorie des Dramas, S. 102-110.

sie. Nicht zuletzt durch seinen immer stärker durchdringenden, sarkastischen, bitteren **finstern Humor."** [12)]

Ausgangspunkt für die Entwicklung kaum mehr „logisch" gesteuerter Erscheinungen und Prozesse in den von Dürrenmatt thematisierten Situationen sind i.d.R. ungewöhnliche, zugespitzte und die Grenzen der Wirklichkeit bereits deutlich berührende, wenn nicht überschreitende Anlässe bzw. Zufallsfügungen. Akte der Gewalt, die sich nahezu eigengesetzlich entfalten, werden also begleitet und gestützt durch Konstrukte des Zufalls, und in beiden Detektivromanen gestattet Dürrenmatt sich, empirisch Nachweisbares auszusetzen und den (geplanten) Zufälligkeiten mehr und mehr Spielraum zu lassen, so daß zwangsläufig labyrinthische Ausweglosigkeiten entstehen. Auf eine verkürzte Formel gebracht, läßt sich das Charakteristische beider Romane mit dem Begriff der geschehensbestimmenden „Ästhetik des Zufalls" beschreiben [13)], die zusammen mit der angedeuteten Welt- und Menschensicht sowie den Erscheinungsformen der Gewalt eine Art magischen Dreiecks bildet, das umso geschlossener wirkt, je unglaubwürdiger sich die Roman-Handlungen formieren:

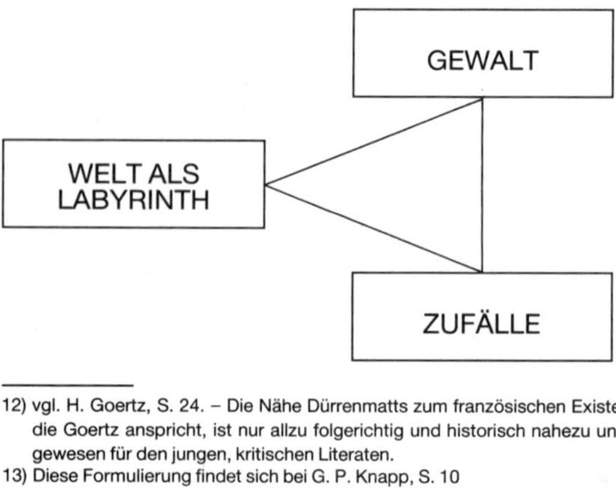

---

12) vgl. H. Goertz, S. 24. – Die Nähe Dürrenmatts zum französischen Existentialismus, die Goertz anspricht, ist nur allzu folgerichtig und historisch nahezu unvermeidbar gewesen für den jungen, kritischen Literaten.

13) Diese Formulierung findet sich bei G. P. Knapp, S. 10

Das Gewalttätige in **„Der Richter und sein Henker"** ist handfest und keineswegs so „elaboriert" wie im nachfolgenden Roman. Es geht um Mord durch Erschießen, Tötung aus Notwehr, Tötung unter der vorgegebenen „Legalität" einer Verbrechensaufklärung (Diener, Gastmann). Es geht aber auch um fehlgeschlagene Mordversuche und abschreckende Drohungen. Permanent überlagert dabei Bärlachs schmerzhafte Krankheit das Geschehen. Es begleitet gewissermaßen sublimierend die primitiven kriminellen Handlungen im Hauptgeschehen und entlastet einen an der eigenen Krankheit nagenden, sich an dem Gedanken einer späten Rache beinahe verzehrenden Menschen, dessen Schwächen und Verfehlungen kaum weniger anfechtbar sind als das Vergehen der Täter selbst. - Darauf komme ich im Teilkapitel „Bärlach (S. 54) noch zurück.

Im ersten Roman vollzieht der Leser eigentlich die Auseinandersetzung um Recht und Gerechtigkeit (bis zum vollstreckten Urteil an Gastmann und Tschanz' Selbstrichtung) mit, ohne in seinem Innersten wirklich erschüttert zu werden. Die ganze Angelegenheit hinterläßt eher Heiter- als Nachdenklichkeit. Auf die einfache Frage, ob Verbrechen nach den Spielregeln unserer Gesellschaft „toleriert" werden und ungesühnt bleiben, erhält der Leser hier noch eine klare Antwort: „nein!". Der Autor erlaubt sich sogar noch sein witzig-hintergründiges Spiel mit uns: Bärlach hat seinen ausübenden Henker in Tschanz, Dürrenmatt wiederum besitzt ihn in Bärlach, der seinen Standort wie selbstverständlich interpretiert: Wir alle sind schmutzig und schuldig, aber es gibt noch Schmutzigere und Schuldigere, und die kommen dran - egal wie!

Ganz anders berühren GEWALT und OHNMACHT des GESETZES den Leser hingegegen im zweiten Roman. Der Autor holt den Leser ganz nah an die Abgründigkeiten des Lebens heran und bezieht ihn unnachsichtig in die Ausweglosigkeiten mit ein. Die Komplexität des gesellschaftlichen (und politischen) Hintergrundes macht es nahezu unmöglich, hier noch auf dieselbe Frage unbefangen zu antworten. Die Realität, so scheint es, verlangt sogar nach einer gegenteiligen Antwort. Recht und Gerechtigkeit als ethische Normen sind hier nach Auffassung Dürrenmatts ganz offenkundig allgemein noch weniger akzeptiert und schon gar nicht gelebt. Eine intakte Gesellschaft hätte keinen Bärlach, ganz sicher keinen „Kommissar Zufall" nötig, um dem Recht zu seinem Recht zu verhelfen, dies gar mit den fragwürdigsten Methoden!

Im ersten Roman ist Bärlachs Motivation zur Verbrechensaufklärung rein privat-handfester Natur, (dabei nicht ohne 'philosophischen Tiefgang'), im zweiten hingegen weitaus weniger konkret und weniger irdisch. Der Bärlach des ersten Romans steht am Beginn einer Kette von Reflexionen und Standortbesinnungen F. Dürrenmatts, dessen ausgeprägt dialektisches Verhältnis zur Frage des Rechts und der Gerechtigkeit (seither) grundsätzlicher Art geblieben, in seinen Bühnenwerken, Romanen und Erzählungen jedoch vielfältigst variiert und modifiziert worden ist. [14)]

Schließt man von der Kette der Zufälligkeiten, die Bärlach im ersten Roman begünstigen, auf die Verlierer, dann offenbart sich ein einfacher, wiederkehrender Mechanismus in Dürrenmatts Handhabung des erwähnten ästhetisch-strukturellen Mittels „Zufall", um seine Intentionen als Autor zu realisieren: Was im einen Falle hilfreich in Erscheinung tritt, muß im anderen Falle vernichtende Auswirkungen haben." [15)] Wo im ersten Roman nahezu alle Zufälle Bärlachs „Beweisführung" unterstützen und ihn trotz gelegentlicher höchster Gefährdung heil aus allem herausgehen sehen, wendet sich in „Der Verdacht" das Moment des Zufälligen gegen den Kommissar und versetzt seinen Gegenspieler, den schauerlichen Repräsentanten einer unmenschlichen Auffassung vom Leben, Dr. Nehle/

---

14) Wir führen die Überlegungen zu diesem Aspekt hier nicht weiter, machen aber auf die (sehr voraussetzungskomplexen) Ausführungen von G. P. Knapp/M. Knapp aufmerksam: Recht - Gerechtigkeit - Politik. Zur Genese der Begriffe im Werk Friedrich Dürrenmatts. In: H. L. Arnold (Hg.) F. Dürrenmatt (II), S. 45-62)

15) vgl. auch U. Profitlich, S. 264

Emmenberger, in eine absolut dominante Machtstellung als Herr sogar über das Gesetz des Todes.

Die Dialoge Bärlachs und Dr. Emmenbergers zählen in kompetenter Einschätzung zu den „Höhepunkten des Dürrenmatt'schen Gesamtwerks" [16], eine aufschlußreiche Wertung, wie ich meine: Immerhin gilt sie einem der frühen Bücher des Autors und signalisiert, daß wir Dürrenmatts künstlerisches Schaffen gewissermaßen um eine „Starrachse" rotieren sehen dürfen, wobei der Autor ein (=sein) zentrales Thema nicht erst sukzessive entwickelt (hat).

Ich möchte mich nunmehr kurz dem zweiten Roman zuwenden, dessen Lektüre unbedingt anzuraten ist, wie zuvor bereits erwähnt. Auch wenn ich auf diesen Roman nicht ausführlicher eingehen kann, so mag eine vergleichende Gegenüberstellung der beiden Hauptakzente GEWALT/(UN)GERECHTIGKEIT und ZUFALL genügen, um einerseits den erzähltechnischen Fortschritt, andererseits die wesentlich druckvollere, ja, eindringliche geistige Verarbeitung einer beinahe apokalyptischen Vision vom Menschen zu verdeutlichen. Im Begleitkommentar zum Fortsetzungs-Roman „Der Verdacht" heißt es u.a.: „... Dürrenmatt erzählt das alles mit stilistischer Prägnanz und Intensität. Kein offenes Ventil, durch das die Luft nervenkitzelnder Räuberpistolenromantik einströmen könnte, (...) - nur Literatur in reiner Form (...)"

Die Handlung des Romans **Der Verdacht** setzt mit dem 27. Dezember 1948 ein und erweist sich damit auch in seiner zeitlichen Ausmessung als Fortsetzung der ersten Detektivgeschichte. - Der Roman wird zur sogenannten „Bewältigungsliteratur" gezählt. [17]

Dr. Emmenberger, ein ehemaliger KZ-Arzt, inzwischen Leiter einer angesehenen Privatklinik, operiert seine Patienten ohne Narkose. Er setzt damit seine teuflischen Spezialein-

16) vgl. H. Goertz, S. 37

17) vgl. J. Knopf, S. 51. – Unter Literatur dieser Art versteht man die Aufarbeitung unserer Nazi-Vergangenheit in den epischen, lyrischen oder dramatischen Ausdrucksformen.

griffe, die er während seiner KZ-Tätigkeit angewandt hatte, ungehindert fort. Entgegen allen Warnungen läßt sich Bärlach, seinem Verdacht folgend, in diese Spezialklinik einliefern und befindet sich bald in einer aussichtlosen Lage: Emmenberger durchschaut den alten, todkranken Kommissar und bereitet ihn schonungslos als sein zweifellos interessantestes Opfer auf denselben tödlichen Eingriff vor. Dem unbeugsamen „Glauben" des Kommissars hält er mit konsequenter Logik und Skrupellosigkeit **sein** Glaubensbekenntnis entgegen, das von der Sinnlosigkeit der Welt ausgeht, deren einziges gültiges Gesetz der **Zufall** ist. Mit seiner menschen- und berufsverachtenden Tätigkeit, mit seiner ganzen verbrecherischen Existenz vertritt Emmenberger den Standpunkt, man könne nur so handeln, um die Unlogik und Gesetzlosigkeit der Welt zu demonstrieren. Im entscheidenden Gespräch mit Bärlach faßt er sein „Credo" in die Worte: „... Es ist unsinnig in einer Welt, die ihrer Struktur nach eine Lotterie ist, nach dem Wohl der Menschen zu trachten (...) Es gibt nur eine Freiheit, (...), die man sich nehmen muß. Die Freiheit ist der Mut zum Verbrechen, weil sie selbst ein Verbrechen ist." (S. 109/110)

Buchstäblich im allerletzten Augenblick rettet Gulliver, ein riesiger Jude, der die KZ-Folter überlebt hat, Bärlach vor der tödlichen Operation. -

Das Dürrenmatt in diesem Roman, etwas schärfer als in „Der Richter und sein Henker" an der Figur Gastmanns, ein Stück Zeit- und Gesellschaftskritik festmacht, erscheint von untergeordneter Bedeutung gegenüber der zentralen **Frage nach der Rolle und dem Wesen des Menschen an sich.** Bärlach, gewiß kein „Heiliger", (-wie sollte er auch in seinem Beruf-), wird von Emmenberger mit entschiedener Deutlichkeit abgesetzt.Das Rad des Lebens dreht sich, und am Ende ist der Arzt mit dem Kopf ganz unten. Die Zufälle des Lebens spielen und wirken erfolgreich zusammen, um doch noch so etwas wie „Gerechtigkeit" durchschimmern zu lassen.

Erkennbar hält der Roman thematische (Gewalt) und strukturell-ästhetische (Bedeutung des Zufalls) Parallelen zum Vorgänger-Roman bereit, wie dies bereits eine simple Gegenüberstellung nur einiger Aspekte deutlich machen kann:

„Der Richter und sein Henker"	„Der Verdacht"
Verbrechen Gastmanns	Verbrechen Dr. Nehles
in der Vergangenheit	
in der Gegenwart	
Gastmann	Dr. Emmenberger
Mord an Schmied	Tod Fortschigs
Tod Tschanz'	Tod Emmenbergers
(Tod Gastmanns)	(Tod Bärlachs)

Die Akte der Gewalt unterscheiden sich in Nuancen voneinander, die **Qualitäten und Dimensionen des Zufälligen** aber treten im 2. Roman auffallend verändert zutage: Da das Gewaltverbrechen in „Der Verdacht" unwahrscheinliche, d.h. das normale Fassungsvermögen übersteigende Formen annimmt, stellt ihm Dürrenmatt auch in der Konstruktion des Zufälligen das Unwahrscheinliche an die Seite. Wie erwähnt, „wählt" Dr. Emmenberger den Zufall als Komplizen und definiert mit seiner Hilfe seine Macht („zufällig" bleibt er lange Zeit unerkannt). Der Zufall liefert ihm seinen einzigen Gegenspieler ins Haus. Nur durch Zufall ist der Jude Gulliver am Leben geblieben und wird zu Bärlachs „Partner". Durch einen unwahrscheinlichen Zufall kommt Fortschig ums Leben. Ein Wunder nur rettet Bärlach, und das größte Wunder bleibt, warum in Gottes und der Gerechtigkeit Namen die Polizei nicht eingreift, um der Zahl wundersamer Fügungen wenigstens ein

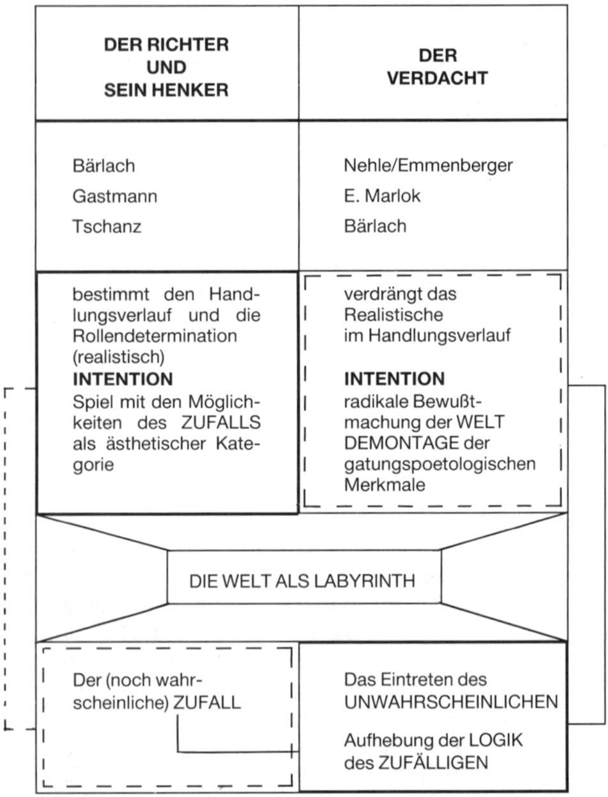

Stückchen verläßlicher Realität entgegenzuhalten. Dürrenmatt verzichtet jedoch auf „Realität", mit voller Absicht, wie U. Profitlich herausgestellt hat „um die Zufälligkeit der unerhörten Sachverhalte nicht (zu) verschleiern, sondern ganz im Gegenteil ausdrücklich bewußt (zu) machen." [18)]

Noch pointierter drückt G.P. Knapp Dürrenmatts Kunst aus, mit den „Zufällen" umzugehen:

„... Der Zufall wächst derart in Dürrenmatts erstem Detektivroman weit über sich selbst hinaus und gerät indirekt wieder zu einer Regelhaftigkeit, jener stillschweigend vorausgesetzten Teleologie, die zu den Grundlagen der Gattung gehört. Indem der Autor dem Element des Zufälligen Einlaß in die Gattung gewährt, es aber paradoxerweise zum Helfershelfer der gattungsbedingten Planmäßigkeit macht, erfüllt er die Form des Detektivromans auf unkonventionelle Weise und stellt sie zugleich ironisch in Frage."[19)]

Das Schauspiel stellt diese qualitative Verschiebung der Komponente „Zufall" dar, der zur Demontage der gattungspoetologischen Merkmale führt und gleichzeitig die „vertraute" Detektivgestalt ablöst und verabschiedet. Das möchte ich im folgenden Teilkapitel näher ausführen.

4.2 SCHREIBEN GEGEN DEN STRICH

Wenn festgestellt worden ist, daß Dürrenmatt bereits mit seinem zweiten Roman einen beträchtlichen Schritt über das Genreübliche hinausgetan hat (und noch weitergehen wird), dann stellt sich auch die Frage nach den typischen Merkmalen und Erscheinungsformen des Kriminalromans bzw. Detektivromans. Wir möchten an dieser Stelle darauf verzichten, Entwicklungszüge und Spielform der Gattung nachzuzeichnen. Auch eine (im Rahmen unserer

---

18) U. Profitlich, S. 262

19) vgl. G. P. Knapp, S. 12

Darstellung notwendigerweise erheblich verkürzende) Autoren-Revue erscheint wenig sinnvoll. [20] Stattdessen zitieren wir eine der gültigen Gattungsdefinitionen unter dem Stichwort „anspruchsvoller Kriminalroman". Beide Romane Dürrenmatts lassen sich mit diesem Etikett belegen:

„... DER ANSPRUCHSVOLLE KRIMINALROMAN. Nun gibt es daneben allerdings auch noch den guten Kriminalroman, unter den modernen Autoren etwa bei Georges Simenon oder Agatha Christie. Er zeichnet sich vor allem durch psychologische Vertiefung und menschliche Glaubwürdigkeit der Figuren aus, durch differenziertere Erzählhaltung und den Verzicht auf vorgefertigte Klischees. Die Täter werden nicht in einer aufdringlichen Hetzjagd gestellt, sondern psychologisch eingekreist; sie sind damit auch keine substanzlosen Negativfiguren mehr, sondern werden in ihren Beweggründen verstehbar. Dadurch kann nun aber auch der Leser aus seiner Rolle des bloßen Reizkonsumenten heraustreten; er gewinnt Interesse an den menschlichen Abgründen, die aufgedeckt werden, denkt mit, bringt Verständnis auf. Damit ist er nun nicht etwa um sein Vergnügen gebracht. Im Gegenteil, dieses Vergnügen ist, da es nun nicht mehr bloß als Zerstreuung gekennzeichnet ist, sehr viel reicher, anregender und schöpferischer. Das mag hier, auf den Kriminalroman bezogen, etwas übertrieben klingen - aber in seinen besten Werken hat ja der Kriminalroman schon immer den Rang „schöner Literatur" erreicht, etwa in Dostojewskis „Schuld und Sühne" oder Schillers „Geisterseher".

Wir sind damit bereits bei den höheren Spielarten des Vergnügens angelangt, das wir aus Literatur ziehen. Es kommt hier zu seinem subtilen Zusammenspiel von Verstehen und Genuß. Wir wollen verstehen, weil wir genießen, und wir

---

20) Der interessierte Leser sei besonders auf P. Nussers Ausführungen zum Kriminalroman hingewiesen. – Vgl. Literaturverzeichnis.
Das Zitat entnehmen wir einem Band unserer Reihe: Dichtung in Theorie und Praxis, Band 453, S. 8-9. – (Udo Müller. Der anspruchsvolle Kriminalroman. In: Wege zum Verständnis der Literatur. Freiburg 1973)

genießen um so mehr, wenn wir verstehen. Dabei darf man die Frage, ob nicht vielleicht der Genuß mit dem Verstehen identisch ist getrost den Philosophen überlassen ..."

In knapper Kommentierung eines zweiten, differenzierten Katalogs von Forderungen an den Verfasser von Detektivgeschichten zeigen wir nunmehr im Detail, wo und wie Dürrenmatt sich diesen Erwartungen widersetzt. Ohne noch einmal besonders auf die Rolle des Zufalls einzugehen, halten wir zwei Tatbestände im Auge:

- Dürrenmatt entwickelt keine überzeugende Lösung; er läßt sie sich „einfinden".

- Der Kommissar hat nicht mehr die Rolle eines „klassischen" Detektivs inne. Das trifft uneingeschränkt auf den 2. Roman zu.

Dürrenmatt erweitert nicht nur die Gesetze des Genres, indem er seine „Historie" überwindet, sonder er **parodiert** damit geläufige Formen und Figuren. Erst zum guten Schluß, dies ohne zwingende Logik, gewinnt der 2. Roman etwas von den „angestammten Rechten" des Genres zurück. - „Schreiben gegen den Strich" - mit dieser Formel, die mit sehr viel mehr Beispielen zu belegen wäre, kennzeichnen wir die Verneinungen Dürrenmatts am Beispiel des 1. Kriminalromans „Der Richter und sein Henker". -

Auch wenn wir uns in diesem Teilkapitel noch nicht in der didaktisch-methodischen Reflexion bewegen wollen, möchte ich nicht versäumen, auf die Möglichkeiten für den Unterricht hinzuweisen, die gerade die nachfolgenden „20 Regeln" abwerfen. Der kreativen Arbeit von Schülern 10. Schuljahre eröffnen sich multi-perspektivische Spielräume für das eigene Schreiben von „Kriminalromanen".

(1) Diesen ersten Grundsatz hebt F. Dürrenmatt bereits auf. Er „verschleiert" und schafft eine unklare Ausgangslage, bei der dem Leser die Aufgabe zukommt, sich eine eigene „Thorie" zurechtzulegen.

(2) „Tricks" und „Täuschungen" werden durch „Zufälle" konstruiert.

(3) Berührt nicht die Haupthandlung; immerhin ist Tschanz' Eifersucht (auch sein zunehmend direkteres Werben um Schmieds Verlobte) ein wesentliches Indiz auf seine Täterschaft.

(4) Eklatant anders: Tschanz stellt sich als Täter heraus.

(5) Absoluter „Gesetzesbruch": die Zufälle bestimmen die Logik der Beweise, nicht die bezwingend klare und nachvollziehbare Ermittlungsarbeit Bärlachs.

(6) Gemessen an seinen Eigenheiten und Schwächen ist Bärlach geradezu ein „Anti-Detektiv".

(7) Es gibt mehr als eine.

(8) Zwar muß der Leser nicht gegen die „4. Dimension der Metaphysik" ankämpfen, aber die Eigengesetzlichkeiten der (zufallsbestimmten) Vorgänge machen ihm das Mithandeln sehr schwer (siehe auch 1,2).

(9) Es gibt aber deren zwei, und jeder von ihnen geht einen anderen Weg.

SCHREIBEN „GEGEN DEN STRICH": [21]

1. Leser und Detektiv müssen gleichwertige Möglichkeiten haben, das Geheimnis zu lösen. Alle Hinweise müssen deutlich konstatiert und beschrieben werden.

2. Dem Leser dürfen keine vorsätzlichen Tricks und Täuschungen aufgebürdet werden außer jenen, die der Täter zu Recht auch dem Detektiv selbst vorspielt.

3. Es darf keine Liebesgeschichte geben. Die Aufgabe besteht darin, einen Verbrecher vor die Schranken der Justiz, nicht aber ein liebendes Paar vor den Traualtar zu bringen.

4. Niemals sollen der Detektiv selbst oder einer der Ermittlungsbeamten sich als der Missetäter herausstellen. So etwas ist bloße Betrügerei und steht auf einer Stufe mit dem Versuch, jemandem einen blanken Penny für ein goldenes Fünf-Dollar-Stück anzudrehen. Es ist Vorspielung falscher Tatsachen.

5. Der Täter muß durch logische Schlußfolgerungen ermittelt werden, nicht durch Zufall oder ein unmotiviertes Geständnis. Ein Kriminalproblem auf solche Weise lösen heißt, den Leser mit Vorbedacht auf Fährtensuche schikken und ihm nach seinem Mißerfolg erzählen, das Objekt seiner Nachforschung habe man schon von Anfang an in der Tasche gehabt. Ein Autor, der das tut, spielt seinem Leser nur Streiche.

6. Der Detektivroman muß über einen Detektiv verfügen; und Detektiv ist nur derjenige, der etwas aufdeckt (detects). Seine Aufgabe ist es, Indizien zu sammeln, wel-

---

21) S. S. Van Dine (W. H. Wright).
Zwanzig Regeln für das Schreiben von Detektivgeschichten. In: R. Hippe, S. 25-29. *
lat.: ursprünglich ein mithilfe der Bühnenmaschinerie plötzlich auftretender Gott, der alle Verwicklungen löst.

che zu der Person führen, die im ersten Kapitel die Untat beging; und wenn der Detektiv nicht durch eine Analyse jener Indizien zu seinem Ergebnis kommt, dann hat er das Problem nicht besser gelöst als der Schuljunge, der die Lösung seiner Mathematikaufgabe aus dem Lösungsheft bezieht.

7. Im Detektivroman muß es ganz einfach eine Leiche geben, und je toter sie ist, desto besser. Ein kleineres Verbrechen als Mord reicht einfach nicht aus. Dreihundert Seiten sind zuviel Aufhebens für etwas Geringeres. Schließlich müssen des Lesers Mühe und Energieaufwand belohnt werden.

8. Das Verbrechen muß mit rein naturalistischen Mitteln aufgeklärt werden. Zur Ermittlung der Wahrheit sind Methoden wie etwa unsichtbare Schrift, Gedankenlesen, spiritistische Sitzungen, Befragungen der Kristallkugel u.ä. tabu. Der Leser hat eine Chance, wenn er seinen Verstand mit dem eines rational operierenden Detektivs messen kann, aber wenn er gegen die Geisterwelt oder gegen die vierte Dimension der Metaphysik antreten muß, hat er von vornherein verspielt.

9. Es darf nur einen Detektiv geben - d.h. nur einen Helden der Schlußfolgerung, nur einen *deus ex machina* *. Drei, vier oder noch mehr Detektive auf ein Problem anzusetzen heißt nicht nur, das Interesse weit zu verstreuen und die direkte Logik zu unterbrechen, sondern auch die Chancengleichheit des Lesers opfern. Wenn es mehr als einen Detektiv gibt, weiß der Leser nicht, an wem er seine Schlußfolgerungen orientieren soll. Es ist, als ob der Leser ein Wettrennen gegen eine Staffel austragen sollte.

10. Der Täter muß eine Person sein, die in der Geschichte eine mehr oder weniger bedeutende Rolle gespielt hat - eine Person also, die dem Leser vertraut ist und für die er sich interessiert.

11. Der Autor darf keinen Diener zum Täter machen. Das hieße den Kern der Sache umgehen: die Lösung wäre zu einfach. Der Täter muß unzweifelhaft eine ehrenwerte Person sein - eine die normalerweise über Verdacht erhaben ist.

12. Es darf nur einen Täter geben, - ganz gleich, wieviel Morde begangen werden. Natürlich kann der Täter einen untergeordneten Helfer oder Mitverschwörer haben; aber die ganze Last muß sich auf ein einziges schwarzes Schaf konzentrien können.

(13) Gastmanns Gesellschaften muten so an, nicht weniger die Richtung, die der Leser mit Tschanz verfolgt.
(14) Die Regeln werden aufgehoben; die Grenzen der Realität werden überschritten (besonders im 2. Roman).
(15) Durch den doppelten Schluß und das Nachspiel stiftet Dürrenmatt bis zuletzt Verwirrung.
(16) Dürrenmatt setzt sich auch über diese „Vorgabe" hinweg. Sein(e) Roman(e) enthalten viel „Atmosphärisches" und „Literarisches".

13. Geheimbünde, Comorras * Mafias usw. haben keinen Platz in einer Detektivgeschichte. Ein faszinierender und wahrhaftig schöner Mord wird durch solch kumulative Verantwortung unwiderruflich verdorben. Sicherlich sollte dem Mörder in einem Detektivroman eine echte Chance gegeben werden; aber es geht zu weit, ihm den Rückhalt einer Geheimgesellschaft zu verschaffen. Kein erstklassiger Mörder mit Selbstachtung würde solche Bedingungen wünschen.

* Camorra:
verbrecherischer Geheimbund (Neapel).

14. Die Mordmethode und die Mittel ihrer Aufdeckung müssen rational und wissenschaftlich sein. Pseudowissenschaft und rein imaginative oder spekulative Methoden können also im *roman policier* * nicht geduldet werden. Wenn ein Autor sich erst einmal wie ein Jules Verne * ins Reich der Phantasie begibt, befindet er sich außerhalb der Grenzen der Detektivliteratur und tummelt sich in den nicht erschlossenen Weiten des Abenteuers.

15. Die Wahrheit des Falles muß stets offenbar sein - vorausgesetzt, der Leser ist scharfsinnig genug, sie zu sehen. Damit meine ich, daß der Leser - sollte er nach der Aufklärung das Buch noch einmal lesen - sehen würde, wie die Lösung sich ihm gewissermaßen immer schon aufgedrängt hat, wie alle Hinweise tatsächlich auf den Täter deuteten und wie er, wäre er so klug gewesen wie der Detektiv, den Fall selbst hätte lösen können, ohne bis zum letzten Kapitel zu lesen. Daß der scharfsinnige Leser oft wirklich das Rätsel löst, versteht sich von selbst.

16. Ein Detektivroman sollte keine langen beschreibenden Passagen, kein literarisches Verweilen bei Nebensächlichkeiten, keine subtilen Charakteranalysen, kein intensives Bemühen um „Atmosphäre" enthalten. Diese Elemente sind in einem Bericht über Verbrechen und Schlußfolgerungen nicht von elementarer Wichtigkeit. Sie blockieren die Handlung und führen Motive ein, die mit dem Hauptzweck nichts zu tun haben, welcher darin besteht, ein Problem darzustellen, es zu analysieren und zu einer erfolgreichen Auflösung zu bringen. Andererseits muß der Roman genügend Beschreibung und Charakterzeichnung enthalten, um wahrscheinlich zu wirken.

---

* franz. Ausdruck für Kriminalroman.

* Jules Verne (1828-1905), berühmt für seine utopischen Romane („science fiction").

„... Der Alte schloß die Augen. Der Friede, der über ihn kam, tat ihm wohl; um so mehr, da er nun wußte, daß in der leise sich öffnenden Türe Hungertobel stand, ihn nach Bern zurückzubringen."

(DER VERDACHT, S. 121)

17. Niemals darf ein Berufsverbrecher in einem Detektivroman die Verantwortung für das Verbrechen tragen. Delikte von Einbrechern und Banditen sind Angelegenheiten der Polizei - nicht Sache von Schriftstellern und brillanten Amateurdetektiven. Ein wirklich faszinierendes Verbrechen wird von einem Würdenträger der Kirche oder einer alten Jungfer begangen, die für ihre Wohltätigkeit bekannt ist.

18. Ein Verbrechen in einer Detektivgeschichte sollte sich niemals als Unfall oder Selbstmord erweisen. Die Odyssee einer Ermittlung mit einer solchen Antiklimax zu beenden, heißt den zutraulichen und wohlwollenden Leser täuschen.

19. Alle Verbrechen in Detektivgeschichten sollten aus persönlichen Motiven begangen werden. Internationale Verschwörungen und Kriegspolitik gehören in eine andere Literaturkategorie - die der Geheimdiensterzählungen etwa. Eine Mordgeschichte aber muß sozusagen „gemütlich" bleiben. Sie muß Alltagserfahrungen des Lesers widerspiegeln und ihm ein gewisses Ventil für seine unterdrückten Wünsche und Gefühle verschaffen.

20. Um mein Credo mit einer runden Zahl von Punkten abzuschließen, zähle ich hier noch einige Kunstgriffe auf, deren sich jetzt kein Verfasser von Detektivromanen mehr bedient, wenn er auf sich hält. Sie sind zu oft angewendet worden und allen Liebhabern von Kriminalliteratur vertraut. Ihre Anwendung ist ein Eingeständnis von Unfähigkeit und mangelnder Originalität auf seiten des Autors. (a) Bestimmungen der Identität des Täters durch Vergleich eines

Zigarettenstummels, der am Tatort gefunden wurde, mit der Zigarettenmarke, die ein Verdächtiger raucht. (b) Die vorgetäuschte spiritistische Sitzung, die den Täter so sehr erschrecken soll, daß er sich selbst verrät. (c) Gefälschte Fingerabdrücke. (d) Gefälschtes Alibi. (e) Der Hund, der nicht bellt und dadurch verrät, daß der Eindringling ein Bekannter ist. (f) Die abschließende Verlagerung des Verbrechens auf den Zwillingsbruder oder einen Verwandten, der der verdächtigen, aber unschuldigen Person gleicht. (g) Die Injektionsspritze und die Betäubungstropfen. (h) Der Mord in einem geschlossenen Raum, nachdem die Polizei eingedrungen ist. (i) Der Wortassoziationstest zur Ermittlung der Schuld. (j) Die Chiffre oder der verschlüsselte Brieftext, die am Ende durch den Detektiv dechiffriert werden.

BÄRLACH

Die Literatur zu Dürrenmatts Detektivromanen hat keine Schwierigkeiten, Bärlach - bei aller Bereitschaft zur differenzierteren Charakterbeschreibung - in die Nähe der berühmten Detektivgestalten Maigrets, Mike Shaynes, Philip Marlowes oder Lew Archers zu rücken, allesamt „Skeptiker, die Lug und Trug der heutigen Welt durchschaut haben, (...), und deren Freuden beschränkt sind.” [22] Damit scheint alles gesagt: Bärlach ist nicht mehr und nicht weniger als seine literarischen Kollegen – ein individualistischer, eigenwilliger Vertreter von Recht und Gesetz mit berufsbedingt reduzierten Bedürnissen und auch nur geringen Möglichkeiten, diese zu befriedigen. Wenn stets betont wird, daß Dürrenmatt „seinen Kommissar” zu einem **untypischen** Vertreter im geläufigen Genre macht, dann soll zugleich, über die oben zitierte Formel hinaus, angesprochen werden, in welcher „Kategorie Mensch” er ihn unterbringt bzw. dem Leser Verhaltens- und Charakter-

---

22) In: D. Keel (Hg.), S. 240

merkmale offenlegt, die diesem eine „persönliche" Stellungnahme und Bewertung des Menschen Bärlach abverlangen. Dazu zunächst das Faktische:

Bärlach hat mehr als 40 Berufsjahre auf dem Buckel und steht kurz vor seiner Pensionierung. Er hat Magenkrebs, der ihn binnen Jahresfrist zerstört haben wird. Seine Lebensweise ist unauffällig und karg. Er wohnt in einem bescheidenen Haus (mit schöner Flußaussicht), unterhält kaum Freundschaften, kann allerdings, wenn es darauf ankommt, auf alte Verbindungen zählen. Hin und wieder erlaubt er sich den Luxus eines Urlaubs und gegen jede gesundheitliche Vernunft ein üppiges Mahl. Gewissenhaft, nicht selten unorthodox und wenig obrigkeitsbewußt, versieht er seinen Dienst in einer Position, der er sich „von Amts wegen" verpflichtet fühlt. Bärlach liebt das Schweigen und Menschen, die es ihm darin gleichtun, kennt jedoch die Wirkung eines pointierten Wortes und setzt es entsprechend gezielt ein. Er ist (todes-)mutig, aber keiner, der sein Leben verschenkt, ein Spieler, der bereit ist, hohe Einsätze zu wagen, wenn er seinem Ziel näherkommt. Der berühmte Zweck heiligt seine Mittel, in deren Wahl er nicht zimperlich ist. Regelverletzungen gehören in sein strategisches Konzept. Der alte, kranke Mann erweist sich (im ersten Roman) als ein harter, umsichtiger und überaus trickreicher Jäger, der auch in Augenblicken der höchsten Bedrohung einen kühlen Kopf und klaren Verstand behält. Mit der Erfahrung seiner langen, wechselvollen Dienstjahre und mit untrüglicher Witterung tut er (stets) das Richtige. Sein ausgereifter Intellekt hilft ihm, Beobachtungen und Ergebnisse zu ordnen und auf einen verläßlichen Nenner zu bringen. Geduld und Zürückhaltung sind dabei wirksame Tugenden, um Pläne zu kaschieren und es seinen Gegnern unmöglich zu machen, den Stand seiner Erkenntnisse und Ermittlungen auch nur angenähert zutreffend einzuschätzen. Selbst sein intelligenter Gegenspieler Gastmann muß zugeben, sich in ihm getäuscht zu haben, und auch Tschanz ist ihm nie gewachsen trotz des raffiniert-einfachen Plans, der er sich zurechtgelegt hat, vielleicht auch wegen seiner Ungeduld, die ihn zu Fehlern verleitet. -

Feststeht, daß Dürrenmatt mit Kommissar Bärlach seine Kunst-Figur erfunden hat, mit der er ungeniert das Bild des Detektivs, wie ihn die Gattung des Kriminalromans bzw. Detektivromans kennt und beständig reproduziert (hat), rigoros demontiert. Im zweiten Roman gibt er den „Helden", der im landläufigen Verständnis so etwas wie ein „Unbesiegbarer" zu sein hat, gar der Lächerlichkeit preis. Ein Kommissar, der sich selbst in die Klemme bringt, aus der er sich nicht mehr befreien kann. Das ist absurd und gegen jede Krimi-Etikette, und so kommt die kommentierende Literatur zum einheitlichen Urteil, Dürrenmatts Krimialerzählungen seinen „irrational" und „antiaufklärerisch, weil sie die traditionelle Detektion durch zufällige Begebenheiten, die die vernünftigen Pläne der Detektive zunichte machen, als falsch zurückweisen." [23] - Umso eindringlicher ist also deshalb die Frage nach dem Menschen (Bärlach und an sich) gestellt. Das ist, wie bereits in der Fußnote [12] erwähnt, eine Frage philosophischen Ursprungs. Die Antwort aber, wer nun dieser Mensch Bärlach sei, wird von Dürrenmatt selbst nicht gegeben. Wir wagen uns spekulativ in die Nähe einer Antwort, die sich von den meisten der in den Roman-Kommentaren geäußerten absetzt und beide, den Kommissar und seinen Erfinder, arg in die Verlegenheit bringen, sich womöglich doch als Übermittler einer christlich-religiösen Botschaft verstehen zu müssen. [24]

Als Mensch entwickelt sich Bärlach eindeutig „positiv". Der Bärlach am Ende des zweiten Romans ist nicht mehr der Bärlach vom Beginn des ersten. Er hat eine höhere Stufe des Menschseins erreicht. Die augenfällige Gegenläufigkeit von „Anti-Repräsentanz" und „Menschwerdung" deuten wir in einer weiteren Skizze an:

---

23) vgl. J. Knopf, S. 47f.

24) Da Bärlach Emmenbergers Credo nichts als ein Schweigen entgegenhält, schließt z.B. H. Goertz daraus, daß er, Bärlach, selbst wohl keines habe ebenso wenig wie der Autor, der es dem Kommissar „sonst (wohl) in den Mund gelegt hätte."
– Vgl. H. Goetz, S. 37

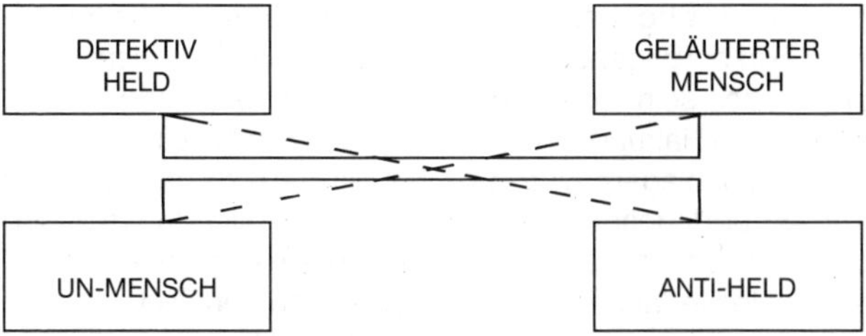

In dieser Entwicklung und in diesem Schluß des Romans sehe ich mehr als nur eine konziliante Geste Dürrenmatts, dem Leser (doch noch) den Glauben an die Genre-Gesetze zu erhalten. Sicher: Bärlach hat es eigentlich auch verdient, heil aus der ganzen Sache herauszukommen. Aber wie, unter welchen Reflexionen und Diskussionen macht Dürrenmatt es möglich, und warum läßt er ihn am Ende nicht elendig vor die Hunde gehen unter dem Skalpell des gewissenlosen Arztes? Warum die wundersame Fügung seiner Rettung durch Gulliver? Doch nicht nur, um den Triumph der Zufälligkeiten bis zuletzt aufrechtzuerhalten. Und mag auch der Einsatz des Zufälligen aus **den ästhetischen** Prinzipien heraus folgerichtig erwachsen: die Last des Unausgesprochenen wiegt schwer!

Im Roman „Der Verdacht" ist Bärlach wirklich absolut machtlos; seine Machtlosigkeit ist „Ohnmacht des Erkennens und Ohnmacht des Handelns", wie E.-P. Wieckenberg treffend schreibt. [25] Es ist die Machtlosigkeit dessen, der wirklich ausgeliefert ist und dennoch bis zuletzt seinen Kampf mit dem Teufel führt. [25] Daß er Emmenberger letztlich keine Erklärung seiner Weltsicht und seines Glaubens geben kann, spricht nicht zwingend für die Annahme, er habe sie nicht. Bärlach bleibt bis zuletzt der konsequente Verweigerer der einfachen Erklärungen. Das setzt keineswegs außer Betracht, daß er vor sich selbst sein Glaubens-

25) E.-P. Wickenberg in: H. L. Arnold (Hg.), S. 33

26) G. P. Knapp spricht von einem „ethischen Rigorismus" Bärlachs. - Vgl. S. 37

bekenntnis abgegeben hat, wie könnte er sonst heiter seinem Tod entgegensehen? Bärlach verschweigt mehr als er sagt, aber sein Schweigen ist beredter als „erklärende" Worte. Die Haltung, uns bis zum guten Schluß ein Schnippchen zu schlagen, würde zu ihm passen, zu dem Verwirrspieler und geschickten Verschleierer, der letzte Coup eines einsamen Mannes, der viele Wege gegangen ist und sich viele Gedanken über das Leben und den Tod gemacht hat. „ Wir können als einzelne die Welt nicht retten" (...), sie ist nicht in unsere Hand gelegt, (...), sondern in Gottes Hand, der seine Entscheide allein fällt" (S. 120), sagt Gulliver in einer umfassenden Geste des Verstehens und Verzeihens und des Trostes. - Bärlach hat diese Worte nicht gesagt. Aber er hat sich auch nicht aufgegeben im Angesicht des Todes, hat sich und das Leben nicht verleugnet, weiß, wem die Rache gehört gemäß dem Hugenotten-Wort, das Dürrenmatts Landsmann C.F. Meyer seinem „Helden" der berühmten Ballade „Die Füße im Feuer" in den Mund gelegt hat, auch er ein Protestant vom Kilchberg ... [27)]

Die Frage mag offen bleiben, ob Bärlachs Nicht-Bekennen Entscheidendes über ihn aussagt. Für ihn mag mit einem Zitat Walter Jens' gelten, was für viele von F. Dürrenmatts Gestalten gilt: „Wie behauptet sich ein reiner Mensch in einem Äon des Chaos, der Heuchelei und der Macht?"[28)]

SPRACHE - STIL

Es wäre ein grobes Versäumnis, sich nicht der sprachlich-stilistischen Seite der beiden Romane wenigstens andeutungsweise zuzuwenden. Trotz der besonderen Effekte, auf die zuvor eingegangen worden ist, muß Dürrenmatt **zu den traditionellen Erzählern** gerechnet werden, der sich vertrauter Mittel nur anders bedient. Er zeigt sich dabei als

---

27) Conrad Ferdinand Meyer (1825-1898)
28) W. Jens in: H. Goertz, S. 138

ein scharfer Beobachter (und Kritiker) der Wirklichkeit. Die beiden Romane sind spannend erzählt, stecken voller Überraschungen, haben viel „Atmosphäre". Zuweilen wirken Passagen, besonders im ersten Roman, aber auch irritierend banal. Sie klingen oft so, als wolle Dürrenmatt beweisen, daß es ihm vollkommen einerlei ist, wie er ankommt. Die Wahrheit ist: Dürrenmatt probiert, provoziert, schockiert. Dabei „verschaukelt" er sich und andere. Da beide Romane ihm die Grundlagen für seine künstlerische Existenz schaffen mußten, hat er sich um ihr Gelingen sehr bewußt und skrupelhaft bemüht. Die Ambivalenz zwischen literarischem Ehrgeiz und (scheinbarer) Nonchalance empfindet der aufmerksame und sensible Leser bei der Lektüre von „Der Richter und sein Henker" sehr stark. –

„Alles setzt sich bei ihm in Bilder, er ist von Natur und Begabung primär ein Zeichner, ein Bildermacher. Sein Studium und seine Kenntnis der Philosophie empfand er als eine Gefahr für das Bildhafte, gegen die er sich zur Wehr setzte. (...)" [29] In der Tat sind beide **Romane voll von Bildern:** Portraits, Landschaftsbilder, Stilleben - alle fein „gerahmt". Dürrenmatts „Bilder" sind dicht und detailreich. Wollte man ihnen eine Grundfarbe geben, so müßte sie dunkel getönt sein, schattenreich, aber auch mit grell herausleuchtenden, scharfen Konturen von Mensch und Gegenstand. Eindringliche Beispiele aus dem ersten Roman dafür sind etwa die nächtlichen Szenen vor Gastmanns Villa oder der Überfall auf Bärlach. Geradezu ergötzlich ist die karikaturistische Personenbeschreibung Fortschigs in „Der Verdacht", die wir als ein Muster für den präzisen, bildhaften Ausdruck Dürrenmatts zitieren. Man könnte annehmen, hier habe sich der Schriftsteller F. Dürrenmatt vom Zeichner F. Dürrenmatt buchstäblich die Hand führen lassen:

„... Der Besucher war ein kleiner, dürrer Kerl mit einem langen Hals. Sein Leib steckte in einem offenen Regenmantel, dessen Taschen mit Zeitungen vollgestopft waren. Unter dem Mantel trug er eine zerissene graue Kleidung mit brau-

29) J. R. von Salis in: D. Keel, S. 373f.

nen Streifen und ebenfalls überall Zeitungen; um den schmutzigen Hals wand sich ein zitronengelbes, fleckiges Seidentuch, auf dem Kopf klebte an der Glatze eine Baskenmütze. Die Augen funkelten unter buschigen Brauen, die starke Hakennase schien zu groß für das Männchen, und der Mund darunter war erbärmlich eingefallen, denn die Zähne fehlten. Er sprach laut vor sich hin, Verse, wie es schien, dazwischen tauchten wie Inseln einzelne Worte auf, so etwa: Trolleybus, Verkehrspolizei; Dinge, über die er sich aus irgendeinem Grund maßlos zu ärgern schien. Zu der armseligen Kleidung wollte der zwar elegante, aber ganz aus der Mode gekommene schwarze Spazierstock mit einem silbernen Griff nicht passen, der aus einem anderen Jahrhundert stammen mußte und mit dem er unmotiviert herumfuchtelte. Schon beim Haupteingang rannte er gegen eine Krankenschwester, verbeugte sich, stammelte eine überschwengliche Entschuldigung, verirrte sich darauf hoffnungslos in die Geburtenabteilung, platzte fast in den Gebärsaal, wo alles in voller Tätigkeit war, wurde von einem Arzt verscheucht, stolperte über eine Vase mit Nelken, wie sie dort in Massen vor den Türen stehen; endlich führte man ihn in den Neubau (man hatte ihn wie ein verängstigtes Tier eingefangen), doch geriet ihm, noch bevor er in des Alten Zimmer trat, der Stock zwischen die Beine und schlitterte durch den halben Korridor, um hart gegen eine Türe zu prallen, hinter der ein Schwerkranker lag ..." (S. 50f)

Überhaupt: es wird immer darauf hingewiesen, daß Dürrenmatt einen gewaltigen Spaß gehabt haben muß, (trotz aller Bissigkeit und Ironie), mit wenigen gründlichen Strichen Einzelpersonen zu charakterisieren und auch, wenn auch nicht ohne Selbstironie, die gesellschaftliche Mitte des Kantons zu karikieren: von Schwendi, Dr. Lutz und den ganzen Polizeiapparat, die „haute volée" der Dunkelmänner, die Zunft der Schreibenden. - Diese „bewußte Kombination von Gags und zeitgenössischem Tiefsinn" [30] verleiht

30) vgl. G. P. Knapp, S. 29

den beiden Romanen einen ganz eigenen ästhetischen Reiz, und weiter heißt es in G.P. Knapps Urteil zu „Der Richter und sein Henker" sehr überzeugend: „... Der Roman erbringt den Nachweis, daß Literatur auch heute noch unterhalten **und** belehren bzw. aufklärerisch wirken kann, daß die vielberufene Kluft zwischen „Kunstliteratur" und Unterhaltungsliteratur sich, gemäß der Autorintention, zumindest im Einzelfall spielerisch überbrücken läßt." - Die von Dürrenmatt in dem Roman verwendeten ganz unterschiedlichen Gestaltungsmittel können in einer Skizze veranschaulicht werden, die damit das **Grundprinzip,** nicht jedoch die jeweilige situative Verzahnung der Elemente offenlegt.

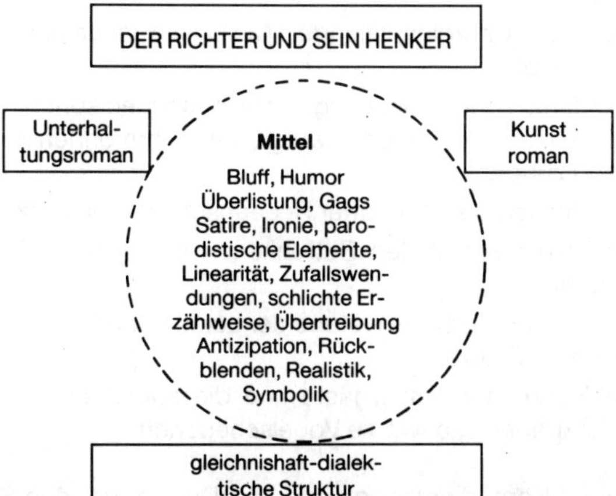

Zwei typische Beispiele, in denen extrem gegensätzliche Ausdrucksmittel zusammenwirken, und wo der gekonnte Brückenschlag von der Unterhaltungsliteratur zur Kunstliteratur auch sprachlich besonders sichtbar wird, stellen die Szene von Schmieds Beerdigung und die anschließenden Szenen der Heimfahrt und geistigen Verarbeitung der Eindrücke in den Dialogen zwischen Bärlach und Dr. Lutz bzw.

Bärlach und Tschanz in Verbindung mit der jeweiligen Stimmung dar (S. 57-75).

Man empfinde die **Beerdigungsszene** in ihrer ganzen **Komik** und **grotesken Zuspitzung** einmal Satz für Satz nach! Mehrere komische Situationen reihen sich dort an einander und überlagern sich. Die Steigerung der außergewöhnlichen Handlung mit dem Auftreten der beiden Betrunkenen und die Parallele des an Stärke noch zunehmenden Unwetters heben das ganze Unternehmen auf eine irreale Ebene:

1. peitschender Wind und Regengüsse;
2. eine aufgeweichte Trauergemeinde, Dienstgesicht wird gewahrt;
3. eine fremd hereinspielende Musik, wie losgelöst vom Hautereignis;
4. ein Pfarrer, der sinnlos gegen die Menschen spricht und schließlich das Sprechen aufgibt, weil ihm ohnehin niemand zuhört;
5. ein hilfloser, phrasenhafter Redeansatz von Dr. Lutz;
6. die hereintaumelnden Betrunkenen mit ihrem Dialekt-Gegröle;
7. das (blasphemische) Getobe der beiden über den aufgeweichten Gräbern;
8. die Flucht der Trauergäste und die zurückbleibenden Totengräber, „schwarze Vogelscheuchen".

In seiner Komödientheorie erläutert Dürrenmatt den Sinn und die Funktionalität des Grotesken (auf der Bühne), dessen Intention hierher übertragbar ist: „Das Groteske ist eine äußerste Stilisierung, ein plötzliches Bildhaftmachen und gerade darum fähig, Zeitfragen, mehr noch, die Gegenwart aufzunehmen, ohne Tendenz oder Reportage zu sein." [31)]

Auf der Rückfahrt nimmt sich die aufgestörte Natur allmäh-

31) J. Knopf: Theatrum mundi. Sprachkritik und Ästhetik bei F. Dürrenmatt. In: H. L. Arnold, Dürrenmatt I, S. 57-67

lich zurück. Dürrenmatts Sprache wird ruhiger, die Situation hat sich normalisiert. - Das Unwetter ist ganz abgezogen. Bärlach hat das erste Gespräch mit Gastmann hinter sich, weiß sich ihm und Tschanz gegenüber auf der richtigen Spur. Die Sprache ist atmosphärisch ausgeglichen, die Stimmung von einer heiteren Gelassenheit gekennzeichnet: „Bärlach schaute in die reingewaschenen Felder hinein. Es war alles in ein helles, ruhiges Licht getaucht. Eine warme, sanfte Sonne hing am Himmel, senkte sich schon leicht gegen Abend. Die beiden schwiegen (...)." - (S. 75)

Dieses Beispiel sagt auch etwas über Dürrenmatts **Satzkonstruktionen** aus. Sie wechseln zwischen lapidarer Kürze verbunden mit sachlich-anschaulicher Prägnanz und beinahe kokettierend ausschweifender Weitläufigkeit (Aufzählungen, mehrfache Subordinationen). Fast klassische Strenge und Kargheit stehen neben üppig ausladenden Gedankenreihungen. Im ganzen aber bleiben die Sätze überschaubar, weit entfernt von der Komplexion und Verschachtelung eines Kleist etwa. Trotz mancher behaglich breit entwickelter Sätze bleibt Dürrenmatt immer nahe an der gesprochenen Sprache. Es zeigt sich stets der Dramatiker neben dem Erzähler, dies ganz entschieden in den Dialogen beider Romane. Stets ist ein kalkulierter Bezug zur Sache auszumachen, nie ist eine Verselbständigung der sprachlichen Ausschmückung aus der Freude über phantasievolles Gelingen vorherrschend. **Funktionalität** und **Ökonomie** im Satzbau und in der Verwendung von Adjektiven sowie Verben können als charakteristische Stichwörter für die Beschreibung der rhythmisch belebten Prosa Dürrenmatts in beiden Romanen festgehalten werden.

Der kurze, präzise Satz wird überall dort anzutreffen sein, wo die Aktionen vorwärtsdrängen, in sich stimmig und abgeschlosssen sind oder dort, wo Spannung aufgebaut werden soll mit kaum hörbarem Atmen der handelnden Personen, mit einer starken inneren Vibration, die sich auch auf den Leser überträgt. Ein sehr eindringliches Beispiel dafür ist die Passage des nächtlichen Besuches von Tschanz bei Bärlach:

„... Er wartete. Alles war still, leblos. Dann schlug die Uhr im Korridor: Drei. Er horchte. Leise hörte er von Ferne das Tikken der Uhr. Irgendwo hupte ein Auto, dann fuhr es vorüber. Leute vor einer Bar. Einmal glaubte er, atmen zu hören, doch er mußte sich getäuscht haben. So stand er da ..." (94)

Untersuchen wir diesen kurzen Abschnitt etwas genauer. Eine winzige Zeitspanne ist eingefangen zwischen den beiden Sätzen „Er wartete. - „So stand er da." Es passiert jedoch viel; Bärlach nimmt intensiv Geräusche wahr, die beunruhigend nah und unheimlich wirken, das Schlagen und Ticken der Uhren - ein vorüberfahrendes, hupendes Auto - Stimmen von Leuten. Dennoch spürt Bärlach die Anwesenheit des Eindringlings. Sein aufmerksames und angespanntes Lauschen hat in den kurzen Sätzen sein sprachliches Pendant. Sie entsprechen seinen differenzierten Wahrnehmungen verschiedener Vorgänge und Ereignisse, die von unterschiedlichsten Orten aus an ihn herantreten. - Dürrenmatt zwingt den Leser in die Situation hinein, erzeugt den bündigen Schulterschluß mit Bärlach, gönnt ihm kein Ausruhen. Die Sprache ist der Situation vollkommen angepaßt. - Daß es sich hierbei um traditionelle erzählerische Mittel handelt, just um jene, die in einem guten Kriminalroman einen Leser zum „Verschlingen" der Seiten bringen, spricht keineswegs gegen den Autor. Er kann eben auch dies und erzielt darüber hinaus seinen eigentlichen Effekt, nämlich den Leser in eine geistige Auseinandersetzung mit dem „Dahinterliegenden" zu verwikkeln, wie G.P. Knapp schreibt: „Indem er (Anm. des Verfassers: der Detektivroman) dem Leser in unterhaltsamem, unverbindlichem Gewand gegenübertritt und ihn durch den gezielten Einsatz von Spannung in die Handlung verwickelt, kann er scheinbar unbemerkt seine gleichnishafte, dialektische Struktur entfalten, Denkprozesse ankurbeln und kritische Stellungnahmen freisetzen, die der eigentlichen Problematik des Romans gelten (...)" [32]

Wie angekündigt, möchte ich dieses Gesamtkapitel mit einem letzten Schaubild beschließen, das noch einmal den eigentlichen Gegenstand dieser ANALYSEN und REFLEXIONEN aufgreift, den Roman „Der Richter und sein Henker".

Bärlachs Weg zur Erkenntnis der Zusammenhänge und seine Entscheidungen

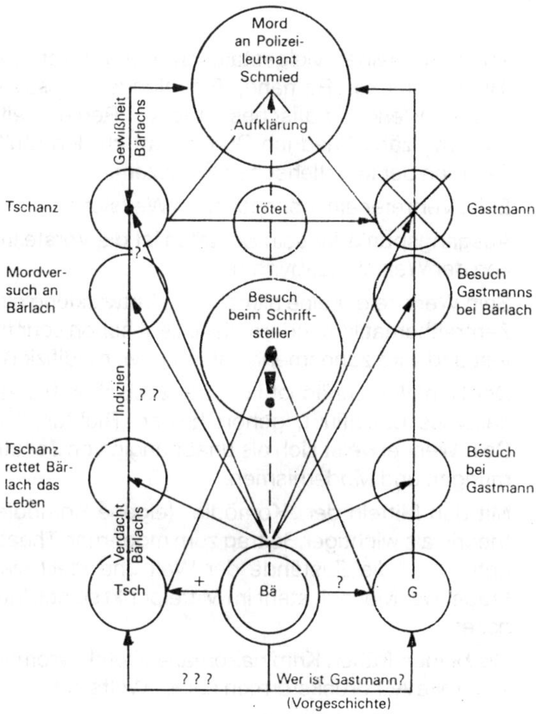

32) vgl. G. P. Knapp, S. 29

Eine knappe Zusammenstellung von **12 Punkten** summiert nunmehr als Übergang zum Teilkapitel „Kurz-Kommentare" die wesentlichen Aussagen der vorausgegangenen Seiten. Sie sind als HALTEPUNKTE zu verstehen, die didaktisch ihren Zweck und ihre Funktion haben als:

- Merksätze
- Erörterungsthemen
- Leseleitfaden

THESEN

1. Aufgrund seiner vielgestaltigen Ausdrucksformen (Bühnenstücke, Romane, Erzählungen, essayistisches Werk, grafisches Werk, Regiearbeiten u.v.a.m.) zählt Friedrich Dürrenmatt zu den Multi - Talenten der künstlerischen Weltszenen.
2. Er ist Vertreter einer skeptischen Weltsicht.
3. Ausgangspunkt für sein Schaffen ist die Vorstellung von der Welt als „Labyrinth".
4. Sein Werk zeigt keine allmähliche Entwicklung einer Zentralthematik, sondern diese liegt schon sehr früh fest und wird zunehmend variiert bzw. modifiziert.
5. Der Dünstler, zunächst vom französischen Existentialismus beeinflußt, gehört keiner „Richtung" an. Sein Werk erweist sich als unabhängig von Zeitströmungen und Modernismen.
6. Mit den Mitteln der „Komödie" (eigene Komödientheorie als wichtiger Beitrag zum modernen Theater) entlarvt er die Zustände der Welt und stellt sie in Frage. Der Mensch steht im Mittelpunkt seines Interesses.
7. Die beiden frühen Kriminalromane (Detektivromane) sind reife Ausdrucksformen seiner Weltsicht.
8. Beide spielen mit den Gesetzen dieses Genres und heben sie teilweise auf.

9. Die Zufallskomponente spielt dabei eine wichtige Rolle
10. Der Zufall erscheint bei Dürrenmatt als adäquates Mittel, die unentwirrbaren Zustände der Welt in ihren Funktions- und Wirkungszusammenhängen aufzudecken.
11. Dabei verschiebt Dürrenmatt im zweiten Roman die Zufälligkeiten ins Unwahrscheinliche.
12. In beiden Romanen balanciert der Autor den Anspruch von Unterhaltungs- und Kunstliteratur sprachlich - kompositorisch aus.

4.3 KURZ -KOMMENTARE[33]

Unseren Erläuterungen, begleitenden Kommentaren aus der Sekundärliteratur und gelegentlichen gedanklichen Exkursionen fügen wir in diesem Teilkapitel einige repräsentative Stellungnahmen hinzu, mit denen wir - aus jeweils unterschiedlichem Blickwinkel - die angesprochenen Aspekte und offenen Fragen zusammenfassen. Die Hervorhebungen beziehen sich auf den INHALT, die PERSON(EN), FORM, SPRACHE, INTENTION(EN) und das GENRE selbst, so daß der Leser die angerissenen Perspektiven noch einmal für sich wertend verarbeiten kann.

I.

„Was für ein Mensch ist dieser Bärlach? In seiner Menschlichkeit erinnert er an Maigret. Wie dieser ist er von altem Schrot und Korn, ist in erster Linie ein konservativer Mensch, der nicht nach juristischen Regeln operiert, der von den modernen Techniken der Kriminologie wenig hält und lieber seiner durch Erfahrung gewitzten Nase und dem gesunden Menschenverstand folgt. Maigret liegt in ständi-

33) Die Fundstellen der Zitate I-VI sind am Schluß dieses Kapitels angegeben. – Die Reihenfolge der Textauszüge bedeutet keine Wertung; sie ist alphabetisch geordnet.

gem Kampfe mit dem Untersuchungsrichter Coméliau bleibt bei Simenon eine tote Nummer, da der Franzose mit den Augen Maigrets sieht und der Leser meistens genauso viel weiß wie Maigret selbst. **Bärlach weiß - im ersten Roman - mehr als der Leser: und da Dürrenmatt sich nicht auf den Blickpunkt Bärlachs beschränkt, kann er auch das Wesen und die Gedanken des pseudo-fortschrittlichen Lutz genauer charakterisieren.**

Bärlach ist Staatsangestellter und als solcher - in seinem spezifischen Beruf - verpflichtet, Gesetzesbrecher zur Strecke zu bringen. Der Instinkt für Gerechtigkeit scheint aber tiefer zu sitzen, obwohl der Kommissär nicht an Gott oder an ein ewiges Leben glaubt. Bärlach ist in dieser Beziehung ein Kollege der Mike Shaynes, Pete MacGraths, Travis McGees und wie alle heißen. In den zwanziger und dreißiger Jahren wurde dieser nach außen steinharte, nach innen existentialistisch-nihilistische Detektiv von Hammett erfunden. Die berühmtesten Exemplare sind wahrscheinlich Chandlers Philip Marlowe und dessen Nachfahre, Ross Macdonalds Lew Archer. Diese Detektive haben keine Bindungen; sie besitzen weder Verwandte noch Freunde, nur Bekannte; sie sind geschieden, Liebe ist für sie ein leeres Wort; Geld interessiert sie nur insofern, als es ihnen zum täglichen Konsum von Alkohol und Zigaretten verhilft. An Gott verschwenden sie keinen Gedanken. Sie besitzen aber - wie Hemingways hartgesottene Abenteurer - eine Art von Solidarität für die in der Gesellschaft benachteiligten Menschen. Es sind Skeptiker, die Lug und Trug der heutigen Welt durchschaut haben. Wie Mitglieder von militärischen Selbstmordkommandos begeben sie sich in größte Gefahren, denen sie auch selten ohne Narben entrinnen. Warum eigentlich ihr fanatischer Kampf gegen Mörder? Er ist bei ihnen eine Art Religionsersatz. Bärlach gleicht ihnen in vielem. Auch bei ihm spielen Frauen, Liebe, Verwandte, Vaterland, Gott keine Rolle. Aber er kämpft bis zuletzt - noch auf dem Sterbebett - unter Lebensgefahr für das, was ihm als Gerechtigkeit erscheint. Auch Bärlachs

Freuden sind beschränkt: sie bestehen aus Essen, Trinken und Rauchen."

II.

„Die Story wird kunstvoll gedreht. Kriminalkommissär Bärlach, früher in der Türkei tätig, jetzt ein Kriminalist von altem Schrot und Korn, kommt seinem Erzfeind Gastmann auf die Spur, weil ein Polizeileutnant in der Nähe von Biel ermordet worden ist. Später stellt sich allerdings heraus, daß nicht Gastmann und seine Helfershelfer den Mord begangen haben, sondern Tschanz, der gegen Schmied von Ressentiments erfüllt war. Der verwickelte Fall gibt Bärlach Gelegenheit, verbissen und ruhig gegen den Vertreter des Bösen anzugehen. Oder beruht die Verfolgung auf jener Wette, die nach den Worten Gastmanns wie ein Witz nicht unterdrückt werden konnte? In dieser Tragikomödie trägt der Polizist, obgleich er vom Tod gezeichnet ist, den Sieg davon. Auch über das Böse, das ihn fasziniert, das zu ihm gehört wie das Wild zum Jäger? [...]

Kommissär Bärlach geht seinen Weg sehr sicher und soll doch dämonisch wirken. Er ist ein verschwiegener Moralist mit dem Revolver in der Tasche, gebannt vom Bösen, ein unheimlicher Richter, der seinen Henker kaltblütig in den Tod schicken würde. Polizeileute wie Tschanz (Bärlachs Henker), selbst ein Nihilist wie Gastmann, schließlich die auf dem Friedhof herumtorkelnden Diener Gastmanns (Trabanten eines »Oberförsters«) sind in der Literatur schon häufig zur Darstellung gekommen. Persönlicher klingen die **Seitenhiebe auf das helvetische Beamtenwesen und auf geduldete Schieberaffären,** persönlich ist natürlich auch das für die ganze Erzählung nicht unwichtige **Dichterporträt.** Der mit den Polizisten konfrontierte Schriftsteller, dessen Beruf auch ist, den Menschen auf die Finger zu sehen und der sich seiner harmlosen Rolle schämt, **gleicht samt dem Hündchen Ping-Pong dem Verfasser.** Er kümmert sich schon um den Unterschied

Recht und Gerechtigkeit. Für den Kenner Berns ließen sich mancherlei Nebenbemerkungen leicht entschlüsseln; das dachte auch die Redaktion des *Beobachters,* die hie und da Änderungen in der Namengebung verlangte. Zum Teil befolgte Dürrenmatt die Ratschläge."

III.

„Der erste Roman **„Der Richter und sein Henker"** scheint der noch konventionellste zu sein; der alte, kränkelnde Detektiv schließt ebenso an die Tradition an, wonach die Detektive durchaus keine jugendlichen Draufgänger zu sein hatten (Dupin bei Poe, Miß Marple und Hercule Poirot bei Agatha Christie, Pater Brown bei Chesterton u.a.), wie es mit der spannungsvollen Konfrontation von Detektiv und Verbrecher der Fall ist. Aber schon der Beginn der Erzählung Dürrenmatts weist eigentümliche Züge auf: ein Polizist, der sich vor Leichen fürchtet, bringt seinen ermordeten Kollegen, dem Schweizer Reinlichkeitsbedürfnis folgend, brav in die Stadt aufs Revier. Alle Spuren sind auf diese Weise sorgfältig und endgültig beseitigt. Auch der weitere Verlauf weist Merkwürdiges auf: der Kommissär Bärlach, alt und siech, hat im Gegensatz zum Leser den Fall längst durchschaut, setzt er doch den Mörder des Polizisten auf den Fall an, aber nicht in erster Linie, wie es sich herausstellt, um ihn zu überführen, sondern um mit seiner Hilfe eine Wette zu gewinnen, die vierzig Jahre zurückliegt und die der eigentliche Grund für Bärlachs durchaus erfolgreiche Laufbahn bei der Kriminalpolizei ist. Als junger Mann trifft Bärlach in der Türkei - damals noch junger Polizeifachmann aus der Schweiz in türkischen Diensten - mit einem »herumgetriebenen Abenteuerer«, »gierig, [sein] einmaliges Leben und diesen ebenso einmaligen, rätselhaften Planeten kennzulernen«, zusammen, der jetzt, zur Zeit des aktuellen Falls, unter dem Namen Gastmann in der Schweiz seine dunklen Geschäfte betreibt. Bärlach hatte in der Türkei gegenüber Gastmann behauptet, daß »die menschliche Unvollkommenheit, die Tatsache, daß wir die Handlungsweise anderer nie mit Sicherheit voraussagen können und daß ferner der Zufall, der in alles hineinspielt, der Grund sei, der die meisten Verbrechen zwangsläufig zutage fördern müsse«. Gastmann hatte dagegen gehalten, daß »gerade die Verworrenheit der menschlichen Beziehungen es möglich mache, Verbrechen zu begehen, die *nicht* erkannt werden könnten, daß aus diesem Grunde die überaus größte Anzahl der Verbrechen nicht nur ungeahndet, sondern auch ungeahnt seien, als nur im Verborgenen geschehen.« Beide schließen eine Wette, die, wie Gastmann rückblickend sagt, »wir trotzig in den Himmel hinein hängten, wie wir etwa einen fürchterlichen Witz nicht zu unterdrücken vermögen, auch wenn er eine Gotteslästerung ist, nur weil uns die Pointe reizt als eine teuflische Versuchung des Geistes durch den Geist«. Noch in der Türkei beginnt Gastmann, seiner These Nachdruck zu verleihen, indem er vor Bärlachs Augen einen Kaufmann von der Brücke stürzt; da der Kaufmann jedoch kurz vor dem Konkurs stand, wird der Fall als Selbstmord registriert, und alle gegenteiligen Beteuerungen Bärlachs nützen nichts. Damit beginnt der Kampf zwischen Gastmann und Bärlach. Gastmann resümiert: »Ich wurde ein immer besserer Verbrecher und du ein immer besserer Kriminalist: den Schritt jedoch, den ich dir vorausgehatte, konntest du nie einholen. Immer wieder tauchte ich in deiner Laufbahn auf wie ein graues Gespenst, immer wieder trieb mich die Lust, unter deiner Nase sozusagen immer kühnere, wildere, blasphemischere Verbrechen zu begehen, und immer wieder bist du nicht imstande gewesen meine Taten zu beweisen. Die Dummköpfe konntest du besiegen, aber ich besiegte dich«. Auf dem Hintergrund dieser Wette erweist sich der Tod des Polizisten zu Beginn als der gar nicht eigentliche Fall des Romans, wie es der Leser anfangs erwartet. Dieser Fall ist vielmehr bloß ein willkommener Anlaß, den ihm überlegenen Verbrecher zur Strecke zu bringen, und zwar mit einem Verbrechen, das dieser (ausnahmsweise) nicht begangen hat, läßt er ihn für einen Mord büßen, mit dem er nichts zu tun hat. **Bärlach hetzt seinen Kollegen, den wahren Mörder, auf Gastmann, zwingt ihn, um sich selbst zu decken, Gastmann zu erschießen und die Tat als Notwehr zu tarnen. Bärlach - weit entfernt davon, der Gerechtigkeit zu »dienen« - spielt den Richter und setzt den Polizistenmörder zugleich als seinen Henker ein. Dieser wird am Ende des Romans von Bärlach in einem fast mörderischen Gastmahl (Bärlach überlebt es, wie der zweite Roman »Der Verdacht« zeigt, nur knapp) der Morde überführt und begeht Selbstmord. Der Fall scheint damit, versöhnend, Gerechtigkeit wiederherstellend, abgeschlossen zu sein."**

IV

„Im Richter und sein Henker schloß Bärlach einst mit Gastmann eine Wette ab; angesichts der Unberechenbarkeit des Lebens behauptete Gastmann die Möglichkeit, Bärlach dagegen die Unmöglichkeit des »perfekten« Verbrechens. Die Wette als solche war für Gastmann eine Versuchung zu verbrecherischen Taten, und dadurch, daß Bärlach sie einging, machte er sich von vornherein mitschuldig. Auch gewinnt Bärlach die Wette nicht; er muß schließlich zu Gastmann sagen: »Es ist mir nicht gelungen, dich der Verbrechen zu überführen, die du begangen hast, nun werde ich dich eben dessen überführen, das du nicht begangen hast« - nämlich der Ermordung Schmieds. Tschanz hat aus kleinlicher Eifersucht Schmied, den privaten Helfer Bärlachs, in dessen letztem Kampf gegen Gastmann ermordet; nun benutzt Bärlach, als Gastmanns privater Richter, Tschanz, der damit rechnet, den Mordverdacht von sich auf Gastmann ablenken zu können, als seinen privaten Henker, indem er ihn dazu bringt, Gastmann und seine Diener in angeblicher Selbstverteidigung zu erschießen. Bärlachs Benutzung eines schuldigen Menschen als eines bloßen Mittels zu einem aus Torschlußpanik heraus geplanten privatrichterlichen Zweck ist eine sittlich fragwürdige Art und Weise, Gerechtigkeit zu verwirklichen; desgleichen sein Entschluß, diesen schuldigen Menschen einem Selbstgericht zu überlassen. **Bärlach erweist sich nicht nur als ein gebrechlicher Logiker, sondern auch als ein überheblicher und schuldiger Verfolger, Ankläger und Richter. Er ist sich allerdings seiner persönlichen und der allgemein-menschlichen Fragwürdigkeit durchaus bewußt; und das zeigt uns, wo Dürrenmatt steht."**

V

„Und der Kassenschlager hieß zu der damaligen Zeit in der Schweiz »Kriminalroman«. Populär war schon der *Wachtmeister Studer* gewesen, den der Schweizer Friedrich Glauser in den dreißiger Jahren geschrieben hatte. Einen sensationellen Erfolg aber verbuchte 1950/51 die vom Rundfunk ausgestrahlte Kriminalserie *Inspektor Wäckerli.*So nimmt es nicht Wunder, daß Dürrenmatt in seiner Zwangslage einen Kriminalroman entwarf, und in der Tat fand sich auch bald ein Abnehmer: Der »Schweizerische Beobachter« druckte den *Richter und sein Henker* in Fortsetzungen ab; die Buchform erschien 1952. Da das Werk erfolgreich war, ließ ein Nachfolgeroman dann auch nicht lange auf sich warten: *Der Verdacht* wurde 1953 publiziert.

Das Kriterium höchstmöglicher Publikumswirksamkeit berücksichtigte Dürrenmatt wohl nicht nur, als er sich grundsätzlich für die erzählerische Form »Kriminalroman« entschied, sondern auch als er den *Richter und sein Henker* gestaltete: **Indem er die Gattungskonventionen weitgehend beachtete, erfüllte er die Lesererwartung und sicherte den Verkaufserfolg.**

Der Roman setzt ein mit der Auffindung einer Leiche; es folgt die Ermittlungsarbeit des Detektivs. Die Handlung zeichnet sich durch viele Finten aus, damit der Leser bis zuletzt über die Identität des Mörders im unklaren ist und das Dénouement den »klassischen« Überraschungseffekt erfüllt: nicht der langgesuchte Großverbrecher Gastmann hat den Mord begangen, sondern dessen Verfolger, der scheinbar ehrenwerte Polizist Tschanz. Doch obschon der Roman gattungskonventionell - auf die Lösung des Rätsels drängt, prägt ihn - gattungsinnovativ - ein anderes, nämlich ein weltanschaulich-ethisches Problem. Dieses gipfelt in einer Wette, die der Detektiv, Kommissär Bärlach, in seiner Jugend mit Gastmann, seinem Kontrahenten, abschloß. **Drei zentrale Themen des Dürrenmattschen Werkes und speziell der Kriminalromane werden in der Wette angesprochen: die Unvollkommenheit des menschlichen Geistes, die Ambivalenz des Zufalls und die Realisierung von Gerechtigkeit und Recht."**

VI

„Der **eigentliche literarische Schwerpunkt der Detektivromane Dürrenmatts liegt bei ihrer thematischen Aussage über den Zufall**« hat Günter Waldmann geschrieben. Darüber daß die Detektivromane die Zufälligkeit gestalten, besteht unter den Kennern des Dürrenmattschen Werks offenbar ein Konsens. Günter Waldmann ist sogar soweit gegangen, daran eine grundsätzliche Kritik zu knüpfen. In der Darstellung des Zufalls sieht er eine Erscheinungsform der »Ideologie religiöser Anti-Aufklärung« - »religiös deshalb«, schreibt dazu erklärend Jan Knopf, »weil der Zufall religiös begründet wird«. Mir scheint, man hat sich bei solchen Feststellungen allzu sehr darauf verlassen, daß die Figuren das Sprachrohr des Autors sind. Aber selbst wenn z.B. Bärlach die Meinung des Autors wiedergäbe: er bekommt ja keineswegs recht. Daß der Zufall Gastmann in seine Macht gibt, bedeutet ja nicht die Einlösung seiner Vorstellung von einer Herrschaft des Zufalls über die Welt, einer Herrschaft, die alles verbrecherische Planen irgendwie zunichte machte. [...]

Was Nietzsche in den »Schlüssen der neueren Dramen« mit ihrer »irdischen Lösung der tragischen Dissonanz« entdeckt hat, läßt sich noch im Handlungsverlauf und im Handlungsausgang des Detektivromans wahrnehmen: Er bietet ein Surrogat des »metaphysischen Trostes«, den eine an den Mythos sich bindende Dichtung offenbar einst bereit hielt.

Gegen diesen mythisierenden Charakter des Detektivromans wendet sich Dürrenmatt, indem er den für die Gattung typischen Such- und Findungsprozeß - der die Fabel konstituiert - verdoppelt. Keine der beiden Such- und Findungshandlungen ist mehr geeignet, in sich selbst irgendeinen Sinn abzubilden: Beide werden von ganz persönlichen Motiven vorangetrieben; beide enden mit einer Gewalttat; keine von beiden »bringt die Welt wieder in Ordnung«.

Wer dem Detektivroman Dürrenmatts anti-aufklärerische Tendenzen zuschreibt, der erwartet offenbar, daß eine gegen die Aufklärung kritische Haltung direkt ein aufklärungsfeindliches Kunstwerk aus sich hervorbringen müsse und daß umgekehrt »aufklärerische Gesinnung stracks auf die Kunst übertragen« werde. **Aber welche Intention Dürrenmatt immer verfolgt haben mag: Der Abbau der mythischen Reste des Detektivromans ist ein Vorgang der Aufklärung, und läge sie nur darin, daß dem Leser die falsche Rationalität der Gattung bewußt gemacht wird.**

Der Abbau des Mythos wird freilich in dem ersten Detektivroman nicht ganz zu Ende geführt."

I Armin Arnold. Friedrich Dürrenmatt, S. 48ff.

II Hans Bänziger. Frisch und Dürrenmatt, S. 168f.

III Jan Knopf. Friedrich Dürrenmatt, S. 48f.

IV Peter Spycher. Friedrich Dürrenmatt, S. 132f.

V Ira Tschimmel. Kriminalroman und Gesellschaftsdarstellung Kritik am Kriminalroman, S. 179f.

VI Ernst-Peter Wieckenberg. Dürrenmatts Detektivromane, S. 8f.

5. DIDAKTISCH-METHODISCHE ANREGUNGEN

KRIMINALROMANE und DETEKTIVGESCHICHTEN werden mit besonderem Interesse von Schülern aller Altersstufen gelesen. Weit über 30% aller 13 -bis 17 Jährigen bevorzugen Hefte bzw. Bücher dieses Genres [34], wobei sich das Schwergewicht des Interesses in den letzten Jahren verstärkt hat, allerdings TV - und Video - gerichtetem Konsum eindeutig unterlegen ist („Horror" - und „Action" - Filme). Jedoch sollte daraus nicht der rasche Schluß gezogen werden, daß man darum - namentlich in Hauptschulklassen - das „Lesen" von Ganzschriften getrost ganz vergessen könnte. Das Gegenteil ist zu beobachten und didaktisch zu nutzen: Schüler erwarten nicht unbedingt die Fortsetzung ihrer Freizeit-Kultur in der Schule, wohl eine ernsthafte Auseinandersetzung mit ihrer Lebens- und Erfahrungswelt. Das war eigentlich schon immer so; freilich haben sich für alle die Bedingungen verändert. Schule kann und muß in einer zeitgemäßen Weise darauf antworten. Bezogen auf Aspekte des DEUTSCH- bzw. LITERATURUNTERRICHTS heißt das: „eins tun - das andere nicht lassen."

Es ist kein Problem, unseren („schwieriger gewordenen") Schülern LESESTOFFE anzubieten, die unterhaltend, spannend und literarisch durchaus anspruchsvoll sind, dabei die Kapazitäten selbst durchschnittlicher Schüler in HS-Klassen nicht überfordern, vorausgesetzt, der Unterrichtende findet den geeigneten WEG DER VERMITTLUNG. Die Anregungen dieses Schlußkapitels greifen dann auch Erfahrungen aus der HS-Arbeit auf [35], in denen darauf verzichtet wird, den zugrundeliegenden TEXTEN „abstrakt-intellektuell", „rational-analytisch" oder „wissenschaftsorientiert" zu begegnen. Die Ausgangsfragen sind vielmehr:

---

34) vgl. A. C. Baumgärtner in: Praxis Deutsch 44/80, S. 7

35) Erfahrungen aus der Lehrerausbildung, Lehrerfortbildung und eigener Unterrichtstätigkeit in 10A -und 10B-Klassen.

Wie läßt sich der Roman Dürrenmatts an den (unerfahrenen und möglicherweise unwilligen) jugendlichen Leser herantragen, und wie kann dieser in der Auseinandersetzung mit dem Angebot des Textes etwas lernen, das er bejaht und das ihm weiterhilft?

Selbstredend können wir die unterschiedlichen lokalen und situativen Bedingungen von Klassen und Lerngruppen von hier aus nicht einschätzen. Gerade unmöglich ist das im Hinblick auf die inzwischen gänzlich verschobene Schülerpopulation (Klassen 9/10A) durch die vielerorts große Zahl sogenannter „Seiteneinsteiger" ohne Deutschkenntnisse. Die Zielgruppe unserer Anregungen ist das **10. Schuljahr** mit einer „Normalsituation", d.h. mit Schülern, die tatsächlich überwiegend eine neunjährige Schulzeit in Deutschland hinter sich haben und sprachlich-literarisch im Umfang schulischer Anforderungen „vorgebildet" sind. Es mag manchem kurios erscheinen, dies hier eigens betont zu sehen, andererseits wird dadurch ganz deutlich, in welch schwieriger Situation sich der Deutschunterricht (an Hauptschulen) gegenwärtig befindet. -

Mit unseren Vorschlägen greifen wir das Stichwort „kreativer Literaturunterricht" auf, das eng gekoppelt ist mit „operativen Verfahren" im Literaturunterricht. [36] Ohne Anspruch auf Vollständigkeit umreißen wir einleitend nunmehr kanpp, was darunter verstanden wird, und in welchem Umfange (ein) solche(s) Verfahren auf Dürrenmatts Roman(e) bezogen werden (kann) können.

Die Kennzeichnung „kreativer Literaturunterricht" bzw. „operative Methoden/Verfahren im Literaturunterricht" umfaßt alle produktiven Tätigkeiten, zu denen der Schüler im Literaturunterricht angeregt werden kann. Der Bogen kann dabei von medientransformatorischen Aufgabenstel-

---

36) Zum Nachlesen sei dem interessierten Kollegen der Band von W. Pielow/R. Sanner (Hg.) „Kreativität und Deutschunterricht" nachdrücklich empfohlen. Wenn auch älteren Datums, vermittelt er immer noch wesentliche Grundlagen und (modifizierbare) Beispiele

lungen bis zum szenischen Ausgestalten und Spielen, vom Ausmalen einer Situation in Wort und Bild bis zur Textmontage und Bildkollage gespannt werden.

Die „kreativen" Aufgabenstellungen im Deutsch- bzw. Literaturunterricht reichen in der Deutschdidaktik weit zurück. Wenn auch der Begriff „modern" scheint, so meint er grundsätzlich zunächst nicht mehr als bereits in der Reformpädagogik und in der Kunstbewegung zu Beginn **unseres Jahrhunderts bis** in die zwanziger Jahre hinein gefordert und getan wurde. [37]

Für die jüngere Didaktik definierte H. Maiworm im Jahre 1970 operative Verfahren als Aufgabenstellungen, die „eine Reduktion des begriffsanalytischen Anteils zugunsten einer konkret-synthetischen Operation" vorsahen[38]. Generell verstehen wir heute darunter ein primär zweckfreies Umgehen mit sprachlich-literarischen Materialien. Freilich verbirgt sich auch dahinter die Absicht, beim Schüler **ästhetische Wahrnehmungskräfte** zu sensibilisieren oder zu erweitern, um ihn zu befähigen, Texte in ihren vielfach komplexen Strukturen zu erfassen. Gerade weil so oft geklagt wird, daß unser Arbeiten in der Schule allzu „verkopft" ist, erhält der „Kreative Literaturunterricht" eine neue pädagogische Legitimation, deren er eigentlich gar nicht bedarf. **Einsicht durch anschauliches Tun herbeiführen, mehr Spaß am Lesen und Verarbeiten von Texten erzielen, eigenschöpferische Prozesse entfalten** - all das ist selbstverständlich für den motivierenden und prägenden Literaturunterricht unserer Tage, ganz zweifellos nicht nur für die Hauptschule.

Es muß eigentlich nicht betont werden, daß dem Schüler das Lesen der Texte nicht erspart bleibt, im Gegenteil:

---

37) Sehr viel Richtiges entdecke ich bei G. Sennlaub: Spaß beim Schreiben oder Aufsatzerziehung. – Mehr noch als beim Literaturunterricht schlagen gegenwärtig reformpädagogische Ansätze in der Aufsatzdidaktik durch.

38) Vgl. H. Maiworm. Zum Problem der Dominanz verbaler Leistungen im Abschlußverfahren aus der Sicht des Faches Deutsch. In: Schulversuche und Schulreform, S. 22. – Weitere Literatur im Literaturverzeichnis.

kreativer Umgang mit Texten bzw. Textausschnitten erfordert präzises Lesen. Daß längere Texte den ungeübten Leser hart fordern, sogar überfordern, braucht nicht diskutiert zu werden. So liegt sicherlich eine der entscheidenden Schwierigkeiten darin, einzelne Schüler überhaupt zu bewegen, die Texte (zu Hause) zu lesen. Wir wissen, daß es eine Illusion ist, ganz blauäugig anzunehmen, er werde es schon tun, wenn der Text nur „spannend" genug ist. Weil es sich um eine Pflichtübung für die Schule handelt, wird sie abgelehnt. Druck bringt auf die Dauer auch keine verbesserte Einstellung. Was tun, um diesen **ersten und wichtigen Schritt** erfolgreich zu gehen?

Es gibt kein Patentrezept, nur einen hoffentlich überzeugenden Rat: Der Unterrichtende muß mit seiner Lerngruppe **Absprachen treffen,** die eine von beiden Seiten akzeptierte und vertretbare **Verbindlichkeit** besitzen. Ein bewährter Zugang (-im übrigen für viele andere Situationen des Unterrichts auch-) ist, der Klasse zunächst die

Zielsetzung	einer Stundenreihe zu verdeutlichen,
Voraussetzungen	zu überprüfen, unter denen die Arbeit erfolgreich angegangen werden kann (gemeinsame „Bedingungsanalyse"),
Verteilung	von Aufgaben an alle, so daß Ausgangsmomente gegeben sind, um in die Arbeit „einzusteigen",
Organisation	des Lern- und Arbeitsweges unter Berücksichtigung der Stärken und Schwächen einzelner Schüler.

Wem das zu aufwendig erscheint, (vielleicht auch „zu demokratisch"), dem sei die **„Schülerorientierung"** als leitende pädagogisch-didaktische Prämisse in Erinnerung gerufen. Wer auch darin noch eine zweifelhafte Vorgabe erkennt, der kann sich der elementarsten pädagogischen Forderung, die darin (mit-)verankert ist, nicht entziehen: Lernen kann sich nur dort vollziehen, wo durch die **Aufteilung der Definitionsmacht** das in Klassen vorhandene Konfliktpotential (z.B. Lernwiderstände) verringert, wenn möglich ausgeschaltet wird. Es ist Aufgabe des Lehrers, seinen (professionellen) Vorsprung dahingehend einzubringen. [39)]

Unseren beiden Realisationsvorschlägen [40)] stellen wir hier einen dritten zur Seite. Er **unterscheidet sich** (weniger im Grundansatz als) **in der Durchführung** insoweit, als Dürrenmatts zweiter Kriminalroman DER VERDACHT mit **einbezogen** wird. Dadurch gestaltet sich der **Ablauf** so:

---

39) vgl. Funkkolleg „Pädagogische Psychologie", Studienbegleitbrief 7, S. 77f.

40) vgl. V. Schüler, F. Dürrenmatt – Der Richter und sein Henker/Die Physiker, S. 113 ff und R. Poppe, F. Dürrenmatt: Der Richter und sein Henker (Bausteine für den Literaturunterricht) – siehe Literaturverzeichnis.

I. ZIELANGABE und VEREINBARUNGEN für die UNTERRICHTSREIHE – VORBEREITUNG „Wer liest was?" – gezielte Leseaufträge an die einzelnen Schüler der Lerngruppe – LESEZEIT: 1 Woche für die ROMANE und ausgewählten Texte der SEKUNDÄRLITERATUR	45'
II. ERGEBNISSE der häuslichen Lektüre werden fixiert (Tapetenstreifen) – SCHEMA:	90'
1. Hauptinhaltszüge der Romane	
2. Hauptpersonen/Personengefüge	
3. spannende Textstellen	
4. vom Autor vermittelte Probleme, Fragen, Sachverhalte etc., die über die Inhalte der Romane hinausweisen	
5. wesentliche Feststellung aus den Begleittexten der Sekundärliteratur	
III. DISKUSSION der eingebrachten Ergebnisse im Hinblick auf die Aspekte ● LEBENSNÄHE ● WIRKUNG und AKZEPTANZ	45'

IV.	ÜBERSICHT „kreativer Verfahren" im Umgang mit Texten wird gewertet und auf die beiden Romane bezogen. - Die Schüler treffen ENTSCHEIDUNGEN.	45'
V.	UMSETZUNG nach „Neigung" und Interesse" in EINZEL-, PARTNER- oder GRUPPENARBEIT a) szenische Ausgestaltung mit Musik (ein Kapitel oder mehrere nach Wahl) b) Text-Bild-Montage zum Handlungsverlauf des jeweils ausgewählten Romans (Hintergrund-Illustration mithilfe von Fotos aus Zeitschriften etc.) c) Standorte der Figuren/Personen zueinander (optische Analyse/Grafik) d) Autorenportrait (Bilder, Texte zu Dürrenmatt)	90' bis 180'
VI.	VORSTELLEN und BEWERTEN der ERGEBNISSE	45'
	GESAMTDAUER der UNTERRICHTSREIHE ca. 6-10 UST	

KOMMENTAR

(I) Die einzubeziehende Sekundärliteratur bleibt auf einzelne erläuternde Textpassagen beschränkt (vgl. S. 86). Die Schüler sollen Meinungen und Einsichten, die sie beim Lesen der Romane gewonnen haben, bestätigt - ergänzt - widerlegt sehen (o.ä.), um in der Diskussion (III) Grundlagen und Bezugspunkte für sachliche und qualifizierte Aussagen zu haben.

(II) Durch Fixieren der Ergebnisse erhalten alle Schüler eine Art Übersicht und besitzen den „gleichen" Informationsstand. [41)]

41) Hier leisten die Schüler so etwas wie einen ersten „Sinnentwurf" der Romane (vgl. G. Frank: J. Stephan, S. 82). – Er ist für den Unterrichtenden sehr aufschlußreich, weil er den Grad der Textdurchdringung nach dem ersten Lesen zeigt.

(III) Es ist ein wichtiger Lern- und Arbeitsschritt, die gewonnenen Ergebnisse zu systematisieren und Aussagen zu „objektivieren". Dazu sind Kriterien erforderlich, auch Aspekte, auf die man die Aussagen beziehen kann.

Äußerungen über die „Lebensnähe" und die „Wirkung" geben dem Unterrichtenden wichtige Hinweise auf Gründe der Ablehnung oder Akzeptanz dieser Romane beim jugendlichen Leser. [42] Solche Aussagen haben didaktisches Gewicht. Sie sind auch bestimmend für die Fortsetzung der weiteren Vorhaben („kreative Arbeit"). In der Regel kommen beide Romane bei unseren Schülern gut an, wenn sie sich einmal eingelesen haben.

(IV/V) In der Übersicht der möglichen „operativen Verfahren" und in ihrer Umsetzung nach „Neigung" und „Interesse" spielen zwei Momente eine wichtige Rolle, die über das Gelingen/Mißlingen entscheiden:

- der Grad der Vertrautheit mit den Verfahren, die Einschätzung ihrer Praktikabilität.

Die aufgeführten Verfahren (a-d) werden gewöhnlich favorisiert; zumeist werden sie auch einfallsreich und mit überzeugenden Ergebnissen umgesetzt. Einschränkung: Verfahren c) in solchen Klassen, die wenig Erfahrung haben mit der „Elementarisierung poetischer Strukturen". [43]

(VI) Die gemeinsame Bewertung von Schülerergebnissen hat gerade für Unterrichtsreihen dieser Art einen besonderen Stellenwert: Die Schüler können sehen, was sie geleistet haben; damit werden allerdings auch Defizite offenkundig, die erklärt werden müssen. Dem Unterrichtenden verschaffen „Integrationsphasen", in denen auf einer METAEBENE diskutiert wird, auch gute Einblicke auf die informelle Klassenstruktur. Ferner

42) Schüler äußerten sich mit Wendungen wie „gab es im 3. Reich" (Arzt): „kaputter Typ" (Bärlach); „spannend, nur manchmal zu breit erzählt" (beide Romane): „super, das Buch" (Der Richter und sein Henker) ... –

43) vgl. U. Walz (Literaturübersicht)

erscheint es uns wichtig, daß Ergebnisse nicht nur im Kopf oder in der Büchertasche verschwinden, sondern sichtbar erhalten bleiben. -

Wir stellen abschließend „operative Verfahren" und herangezogene Begleittexte (für die Durchführung gewissermaßen „unentbehrliche") zusammen:

OPERATIVE VERFAHREN:

● *Reaktion durch Schreiben über den gelesenen Text*

- Textverkürzung: Klappentext, Verlagsprospekt, Inhaltsangaben
- Textverarbeitungen: Dialogisierungen, Hörspielentwürfe, Parodien, Ersetzung von Textteilen
- Texterweiterungen: Zusammenfassungen über das Dargestellte hinaus
- Textbedeutungen: Buchkritik für die Schülerzeitung, Romanbeitrag, Vorwort zum Text, Fragen (Brief) an den Verfasser

Spezialllexikon für ein Buch; Verteidigungsrede/Anklagerede in bezug auf eine bestimmte Person der Handlung

Verspottung (als Glosse/Rede) derer, a) die einen Text dieser Art lesen, b) die diesen Text *nicht* lesen (und denen dabei Wichtiges entgeht)

● *Reaktion durch künstlerische Gestaltung von Textinhalten*

- Umschlagentwürfe, evtl. Gegenentwürfe zum vorliegenden Umschlag; Bilder/Bilderreihen zu ausgewählten Textteilen, Werbeplakate
- Text-Bild-Collage
- Entwürfe für Masken, Kostüme, Bühnenbilder als Vorlage für eine handwerkliche Ausführung

- Symbole entwerfen und anordnen als Abbild von Personenkonstellationen (z.B. Brüderlichkeit, Freiheit, Lebensmut, Solidarität usw.)
- Comic-Variationen geeigneter Handlungsabschnitte

● *Reaktion durch Aussuchung, Komponieren und Produzieren musikalischer Elemente, welche die Textaussage verdeutlichen bzw. steigern können*
- Sprechgesang, Chorsprechen, Einzelrezitation
- Improvisationen zum Gehalt bestimmter Textteile auf Schülerinstrumenten
- Musikalisch-rhythmische Geräuschkulisse zur Begleitung des Vortrages geeigneter Textstellen

● *Reaktion durch Übertragung geeigneter Textstellen in Ausdrucksform des Gruppentanzes*

Reaktion durch Anfertigung von mathematisch-geographischen Abstraktionen des Textes oder von Textteilen
- Statistik zur Wort-Satz-Relation
- Maßstabgetreue Skizzen zum Ort der Handlung
- Spannungsverlauf, Konfliktentwicklungen etc. durch Kurven im Koordinatensystem darstellen

● *Reaktion durch dramatisch/mimische Darstellungen geeigneter Textabschnitte*
- Schauspielerische Ausführung von Dialogentwürfen
- Rollenspiel/Improvisationen zu Inhalten, auf die man verschieden reagieren kann
- Begleitung eines Lesevortrages durch pantomimische Darbietungen

● *Reaktion durch Informationsberichte an die Klasse zum Thema eines Buches oder Textes*

1.	**Primärtexte:**	Die beiden Romane Dürrenmatts in einer der angegebenen Taschenbuch-Ausgaben.
2.	**Sekundärliteratur:**	für Einzelaufträge, ergänzende Plenumsarbeit, „freiwillige" Lektüre
2.1	Heinz Ludwig Arnold.	Gespräch mit F. Dürrenmatt Zürich 1976 (Arche)
2.2	Robert Hippe.	Kriminalliteratur. Hollfeld 1980 (Bange)
2.3	Daniel Keel. (Hg.)	Über Friedrich Dürrenmatt, S. 19-28, 233-236, 237-251. Zürich 1980 (Diogenes)
2.4	Ulrich Staehle. (Hg.)	Theorie des Drama, S. 102-109. Stuttgart 1973 (Reclam „blaue Reihe).

6. LITERATUR (AUSWAHL)

F. Dürrenmatt — Werkausgabe in 30 Bänden. Das dramatische Werk in 17, das Prosawerk in 12 Einzelbänden. Zürich 1980-1986 (Diogenes)

Der Richter und sein Henker. Hamburg 1984 (2.600 Tsd.)

Der Verdacht. Hamburg 1988 (1.400 Tsd.)

*

A. Arnold	Friedrich Dürrenmatt. Berlin ^{4}1979
H.-L. Arnold (Hg.)	Text und Kritik. Friedrich Dürrenmatt I/II (50/51/56). München 1980/1984
H. Bienek	Werkstattgespräche mit Schriftstellern. München ^{3}1976
E. Brocker-Sulzer	Friedrich Dürrenmatt. Stationen seines Werkes. Zürich ^{4}1973
H. Goertz	Friedrich Dürrenmatt mit Selbstzeugnissen und Bilddokumenten. Hamburg 1987
U. Jenny	Friedrich Dürrenmatt. München 1980
D. Keel (Hg.)	Über Friedrich Dürrenmatt. Essays und Zeugnisse von Gottfried Benn bis Saul Bellow. Zürich 1980
Ch. Kerr	Portrait eines Planeten. Ein Film von und mit F. Dürrenmatt. Die Welt als Labyrinth. ARD, III. Programm, 26. Dezember 1984 (Erstsendung)
S. Kienzle	(zu F.D.) in: Deutsche Literatur der Gegenwart. Stuttgart 1976, S. 390-417
G.P. Knapp (Hg.)	Friedrich Dürrenmatt. Studien zu seinem Werk. Heidelberg 1976 (Poesie und Wissenschaft 33).
J. Knopf	Friedrich Dürrenmatt. München 1980 (Autorenbücher)
U. Profitlich	Der Zufall in den Komödien und Detektivromanen Friedrich Dürrenmatts. In: Zeitschrift für deutsche Philologie 90, 1971, S. 258-280
E.-J. Raddatz	Ich bin der finsterste Komödienschreiber, den es gibt. Ein „Zeit"-Gespräch mit Friedrich Dürrenmatt. In: „Die Zeit", 16. August 1985.
P.Spycher	Friedrich Dürrenmatt. Das erzählerische Werk. Frauenfeld-Stuttgart 1972

E. Weber	Friedrich Dürrenmatt und die Frage nach Gott. Zur theologischen Relevanz der frühen Prosa eines merkwürdigen Protestanten. Zürich 1980

*

J. Hienger	Lektüre als Spiel und Deutung. Zum Beispiel: Friedrich Dürrenmatts Kriminalroman „Der Richter und sein Henker", in: Unterhaltungsliteratur. Zu ihrer Theorie und Verteidigung (hg. von J. Hienger). Göttingen 1976, S. 55-81
G.P. Knapp	Friedrich Dürrenmatt. Der Richter und sein Henker. Grundlagen und Gedanken zum Verständnis erzählender Literatur. Frankfurt-Berlin-München ²1985
R. Poppe	Friedrich Dürrenmatt. Der Richter und sein Henker. Hollfeld 1985 (Bausteine 661)
V. Schüler	Friedrich Dürrenmatt. Der Richter und sein Henker - Die Physiker. Hollfeld 1977 Friedrich Dürrenmatt. Der Verdacht - Der Besuch der alten Dame. Hollfeld 1977
W. Seifert	Frisch und Dürrenmatt. Der Richter und sein Henker. Zur Analyse und Didaktik des Kriminalromans. Interpretation. München 1975
G. Waldmann	Requiem auf die Vernunft. Dürrenmatts christlicher Kriminalroman. In: Pädagogische Provinz (1961) S. 376-384
E.-P-Wiecken-berg	Dürrenmatts Detektivromane. In: H.-L. Ludwig, Text und Kritik, S. 8-19

*

G. Bien	Detektivromane im Unterricht. In: Der Deutschunterricht 20 (1968), S. 98-106
M. Dahrendorf	Kriminalgeschichten für Kinder und Jugendliche. In: K. Doderer (Hg.), Lexikon der Kinder- und Jugendliteratur, Band II. Weinheim/Basel 1977, S. 259-264
E. Finckh (Hg.)	Theorie des Kriminalromans (Arbeitstexte für den Unterricht). Stuttgart 1974 (Reclam 9512)
P. Hasubek	Die Detektivgeschichte für junge Leser. Bad Heilbrunn 1977
H. Heissenbüttel	Spielregeln des Kriminalromans. In: H.H. Über Literatur (Texte und Dokumente zur Literatur). Freiburg i.Br. 1966
R. Hippe	Kriminalliteratur. Hollfeld 1980 (Dichtung in Theorie und Praxis)
G. Jahn	Die Detektivgeschichte im Unterricht. Sprachhorizonte (Begleitheft). Dortmund [4]1974
E. Marsch	Die Kriminalerzählung. Theorie, Geschichte, Analyse. München 1972
P. Nusser	Der Kriminalroman. Stuttgart 1980 (Sammlung Metzler)
Praxis Deutsch	Krimi (Heft 44), Seelze 1980
I. Tschimmel	Kriminalroman und Gesellschaftsdarstellung. Eine vergleichende Untersuchung zu Werken von Christie, Simenon, Dürrenmatt und Capote. Bonn 1978
J. Vogt	Der Kriminalroman I/II. Zur Theorie und Geschichte einer Gattung. München 1971

*

W. Boettcher/ G. Otto u.a.	Lehrer und Schüler machen Unterricht. München - Wien - Baltimore 1980
G. Frank/ J. Stephan	Der Schüler als Leser. Textrezeption und Literaturunterricht. Freiburg 1979
Funkkolleg	Pädagogische Psychologie. Studienbegleitbrief 12a (Glossar). Weinheim/Basel 1976
G. Haas/ J. Burann	Mit Texten umgehen - auf Texte reagieren. Ein Erfahrungsbericht. In: Westermanns Pädagogische Beiträge (29), 1977
A. Kleiner S. Weinmann	Kooperativer Deutschunterricht. Band 2/II. Stuttgart 1972
H. Kliewer	Eingreifendes Denken oder dumme Ideen - Kreativität im Literaturunterricht. Diskussion Deutsch 1976
W. Pielow/ R. Sanner (Hg.)	Kreativität und Deutschunterricht. Stuttgart 1973
H. Rumpf	Kreativer Umgang mit Texten. Zeitschrift für Pädagogik (14. Jahrg.). Freiburg 1978
Schulversuche und Schulreform	Berichte - Analysen - Ergebnisse. 10. Klasse in der Hauptschule. Unterricht und Abschlußerfahren. Hannover - Dortmund - Darmstadt - Berlin 1975
A. Schütt/ B. Stuflesser	Textanalyse optisch. Düsseldorf 1971
G. Sennlaub	Spaß beim Schreiben oder Aufsatzerziehung? Stuttgart - Berlin - Köln - Mainz ²1983
U. Staehle (Hg.)	Theorie des Dramas. Arbeitstexte für den Unterricht. Stuttgart 1973 (Reclam 9503/03a)
K. Stocker	Praxis des Literaturunterrichts im Gymnasium. Voraussetzungen - Motivationen - Möglichkeiten - Transfer. Freiburg 1979

U. Walz (Hg.) Literaturunterricht in der Sekundarstufe. Stuttgart 1970

H.H. Wintgens Kreativität im Literaturunterricht durch operative Methoden. In: Neue Unterrichtspraxis (12), 1979, S. 229-233

Kleine Schachbücherei
Band 1
Manfred van Fondern
Tips für Anfänger
6. Auflage
112 Seiten
35 Diagramme
Ein sinnvoll gegliederter Aufbaukurs für Anfänger, der dem Lernenden Schritt für Schritt Spielregeln und schachliche Grundprinzipien nahebringt, den Blick für die Besonderheiten einer Stellung schärft und vielfältige Hinweise für die Führung einer Schachpartie bietet.

Kleine Schachbücherei
Band 2
Manfred van Fondern
Tips für Fortgeschrittene
4. Auflage
104 Seiten
60 Diagramme
Die konsequente Fortsetzung der »Tips für Anfänger« bietet erste Einblicke in das Schaffen der Schachmeister, sowie in die wesentlichsten Eröffnungssysteme, die anhand von anschaulichen Partiebeispielen beleuchtet und transparent gemacht werden.

Kleine Schachbücherei
Band 4
M. van Fondern/H.-J. Hecht
Meisterpartien 1960-1975
3. Auflage
140 Seiten
31 Diagramme
36 exzellente Schachpartien, die wegen ihrer unübertrefflichen Brillanz um die Welt gingen, werden in diesem Bändchen vorgestellt und allgemeinverständlich kommentiert. Jede Partie wird mit Informationen über Wann und Wo des Geschehens eingeleitet und die Akteure werden dem Leser näher vorgestellt.

Kleine Schachbücherei
Band 5
M. van Fondern /
Ralph Malleé
Eröffnungen - Offene Spiele
3. Auflage
128 Seiten
48 Diagramme
Im Band „Offene Spiele" befassen sich die Autoren mit allen Eröffnungsvarianten, die nach den einleitenden Zügen 1. e2-e4 e7-e5 denkbar sind. Dabei wird selbstverständlich besonders der Spanischen Partie die ihr gebührende Aufmerksamkeit gewidmet.

Kleine Schachbücherei
Band 6
IM Otto Borik
Eröffnungen - Halboffene Spiele
3. Auflage
144 Seiten
26 Diagramme
Der Autor dieses Bandes, Internationaler Meister und mehrmals Mitglied des Nationalteams bei der Schach-Olympiade gilt als exzellenter Eröffnungskenner. Sein Material hat er überaus sachkundig auszuwählen, gut zu präsentieren und anschaulich zu erläutern gewußt.

Kleine Schachbücherei
Band 7
M. van Fondern /
U. Nehmert
Eröffnungen - Geschlossene Spiele
3. Auflage
152 Seiten
28 Diagramme
Abgerundet wird die dreibändige Eröffnungsreihe mit dem Band „Geschlossene Spiele". Nebem dem klassischen Damengambit kommen hierbei auch andere Spielanfänge wie z. B. Englisch (1. c4) zu ihrem Recht und werden praxisnah behandelt und ausführlich analysiert.

Kleine Schachbücherei
Band 9
IGM Hans – Joachim Hecht
Schach- und Turniertaktik
2. Auflage
Großmeister Hecht hat die besondere Begabung selbst die schwierigsten Zusammenhänge anschaulich und verständlich zu erläutern. Daher rührt der immense Erfolg, den er mit diesem Buch hat. Hier kann man dem Großmeister beim praktischen Spiel quasi über die Schulter schauen, viel lernen und für die eigene Spielpraxis profitieren.

Kleine Schachbücherei
Band 10
Manfred van Fondern
Roman Dzindzichashvili: Sein Aufstieg zur Weltspitze
116 Seiten
47 Diagramme
2 Fotos
Dem deutschen Publikum ist der Globetrotter in Sachen Schach, Großmeister Roman Dzindzichashivili durch ein zeitlich begrenztes, aber furioses Gastspiel in der Bundesrepublik im Jahre 1979 sicherlich noch in Erinnerung. Ausgewählte Partien machen seinen kampfbetonten Stil deutlich.

Kleine Schachbücherei
Band 11/12
M. van Fondern/
Peter Kleine
Dr. Robert Hübner
60 seiner schönsten Partien
2. verbesserte Auflage
176 Seiten – 27 Diagramme
Dr. Robert Hübner, seit vielen Jahren in der absoluten Weltspitze angesiedelt und die unbestrittene Nummer eins des deutschen Schachs, wird in diesem Band anhand von Partien und Lebensdaten vorgestellt. Der fesselnde Report einer großen Schachkarriere.

Kleine Schachbücherei
Band 13
V. Budde/E. Carl/P. Kleine
Perlen der Schachspielkunst
108 Seiten – 57 Diagramme
60 der größten Schachmeister aller Zeiten – von Philidor bis Karpow – werden in 60 Partien vorgestellt.
Das schönste Schach, das je gespielt wurde. Ein prächtiges Buch zum Nachspielen gehaltvoller und ideenreicher Partien.

Kleine Schachbücherei
Band 14
Lothar Nikolaiczuk
Keine Angst vor Endspielen
128 Seiten – 92 Diagramme
Mit großem pädagogischen Einfühlungsvermögen will der Autor dem Schachfreund mit diesem Buch die Endspielangst nehmen, von der viele Lernende heimgesucht sind. Im Vordergrund steht die Verknüpfung des Endspiels mit der Mittelspielphase.

Kleine Schachbücherei
Band 15
Vladimir Budde
Vom Mittel- zum Endspiel
124 Seiten – 31 Diagramme
Wann ist ein Abtausch von Figuren stellungsgemäß? Diese Frage steht im Zentrum dieser Betrachtung. Wie bereits im Band 14 wird auch hier die Beziehung von Mittelspiel und Endspiel zueinander erörtert und an praktischen Stellungen beispielhaft und für jedermann verständlich dargestellt. Ein Buch mit großem praktischen Nutzen.

Kleine Schachbücherei
Band 16
Bernd Feustel
Kleines Blitzschachbrevier
2. verbesserte Auflage 1987
164 Seiten
108 Diagramme
5 Fotos
zahlreiche Tabellen

Das Blitzschach – beliebt bei allen Schachfreunden – wird erstmals in diesem Buch in seiner Eigenständigkeit und Eigengesetzlichkeit behandelt und dargestellt. Dieser Ratgeber behandelt praktische und theoretische Fragen gleichermaßen gründlich und fundiert.

Kleine Schachbücherei
Band 17
Erich Carl
Paul Keres
Ausgewählte Partien
1959-1974
und Versuch einer Biographie
170 Seiten
36 Diagramme

Großmeister Paul Keres, einer der erfolgreichsten Schachmeister aller Zeiten, gab selbst seine besten Partien von 1931 bis 1958 heraus. Die vorliegende Sammlung schließt unmittelbar daran an und bringt Partien von 1959 bis zu seinem Tode im Jahre 1975.

Kleine Schachbücherei
Band 18
Günter Lossa
200 Schachrätsel
Kapriolen auf dem Schachbrett
152 Seiten
150 Diagramme
3 Fotos

Schachrätsel sind Schachprobleme mit betontem Rätselcharakter, die sich durch Originalität und Humor in der Aufgabe, durch Witz, Pikanterie, überraschende Schlüsselzüge und ausgefallene Mattbilder auszeichnen. Vor allem dem Rätselonkel Giegold wird hier im Buch ein Denkmal gesetzt.

Kleine Schachbücherei
Band 19
Vladimir Budde
Zur Praxis der Turmendspiele
120 Seiten
101 Diagramme

Die gesammelten Erfahrungen der Praxis lassen erkennen, daß gerade im Turmendspiel häufig Fehleinschätzungen vorkommen. In diesem Buch werden in zehn Lektionen Bausteine zum besseren Verständnis der Turmendspiele vorgestellt.

Kleine Schachbücherei
Band 20
Vladimir Budde
Garri Kasparow
232 Seiten
67 Diagramme

Garri Kasparow zählt bereits in jungen Jahren zu den stärksten Angriffsspielern in der Schachgeschichte (nur vergleichbar mit Bobby Fischer und Tal). 41 kommentierte Partien geben einen repräsentativen Querschnitt über sein schachschöpferisches Werk bis Anfang 1985.

Kleine Schachbücherei
Band 21
Bauernendspiele
Prinzipien und Motive
152 Seiten
167 Diagramme

Die Prinzipien und Methoden des Bauernendspiels sind für jeden Schachspieler ein unentbehrliches Rüstzeug, denn dieser Endspieltyp kommt in der Praxis häufig vor. Dieser Leitfaden kann dazu verhelfen, Fehler und Fehleinschätzungen im Bauernendspiel zu vermeiden.

Analysen und Reflexionen

Interpretationen und didaktische Anweisungen

Absurdes Theater	AR 36
Beckett, S.: Warten auf Godot/Das Endspiel/Das letzte Band	AR 27
Benn, G.: Lyrik und Prosa	AR 59
Böll, Hch.: Das Brot der fr. Jahre/Ansichten eines Clowns	AR 8
Böll, Hch.: Erzählungen (I Der Krieg, II Der Nachkrieg, III Die Restauration)	AR 68
Böll, Hch.: Die verlorene Ehre der Katharina Blum	AR 41
Brecht, B.: Der gute Mensch v. Sezuan/Leben des Galilei	AR 3
Brecht, B.: Leben des Galilei	AR 26
Brecht, B.: Die hl. Johanna d. Schlachthöfe/Jasager ... usw.	AR 14
Brecht, B.: Mutter Courage u. ihre Kinder/Episches Theater	AR 19
Brecht, B.: Mutter Courage u. ihre Kinder/Der kaukas. Kreidekreis	AR 2
Büchner, G.: Dantons Tod/Lenz/Woyzeck	AR 18
Camus, A.: Der Fremde/Die Pest	AR 12
Camus, A.: Das Mißverständnis	AR 53
Droste-Hülshoff, A.: Die Judenbuche	AR 48
Dürrenmatt, Fr.: Der Verdacht/Der Besuch d. alten Dame	AR 16
Dürrenmatt, Fr.: Der Besuch der alten Dame	AR 67
Dürrenmatt, Fr.: Die Physiker	AR 65
Dürrenmatt, Fr.: Der Richter und sein Henker	AR 64
Eichendorff, J. von: Aus dem Leben eines Taugenichts	AR 54
Fontane, Th.: Effi Briest	AR 61
Frisch, Max: Andorra/Biedermann und die Brandstifter	AR 9
Frisch, Max: Homo Faber	AR 17
Frisch, Max: Mein Name sei Gantenbein/Montauk/Stiller	AR 15
Goethe, J. W.: Faust, 1. Teil	AR 30
Goethe, J. W.: Werthers Leiden	AR 62
Goethe-Plenzdorf: Die (neuen) Leiden des jungen (W) Werthers	AR 20
Grass, G.: Die Blechtrommel	AR 21
Handke, P.: Sprachkritik und Sprachverwendung (versch. Texte)	AR 31
Hauptmann, G.: Bahnwärter Thiel	AR 23
Hauptmann, G.: Der Biberpelz/Vor Sonnenaufgang/Die Weber	AR 32
Heine, Hch.: Lyrik	AR 49
Heine, Hch.: Deutschland. Ein Wintermärchen/Harzreise u. a.	AR 52
Hemingway, E.: Aus dem Erzählwerk	AR 28
Hesse, H.: Der Steppenwolf/Siddhartha	AR 24
Hoffmann, E. T. A.: Das Fräulein von Scuderi/Der goldene Topf	AR 57
Industriereportagen in der Arbeiterliteratur	AR 25
Kafka, Fr.: Das Schloß/Der Prozeß/Ein Brief an Max Brod	AR 42
Kafka, Fr.: Das Urteil/Vor dem Gesetz/Ein Hungerkünstler	AR 22
Keller, G.: Romeo und Julia auf dem Dorfe	AR 45
Kleist, Hch. v.: Marionettentheater/Käthchen von Heilbronn/ Erdbeben in Chili/Die Marquise von O	AR 33
Kleist, Hch. v.: Prinz Friedr. v. Homburg/Michael Kohlhaas	AR 34
Klepper, Jochen: Werke	AR 29
Lessing, Gotth. E.: Emilia Galotti	AR 47
Lessing, Gotth. E.: Minna von Barnhelm	AR 7
Lessing, Gotth. E.: Nathan der Weise	AR 10
Mann, Hch.: Der Untertan/Abdankung	AR 37
Mann, Th.: Die Buddenbrooks	AR 38
Mann, Th.: Der kleine Herr Friedemann/Tristan	AR 60
Mann, Th.: Tonio Kröger/Der Tod in Venedig	AR 55
Naturalismus (Die Überwindung des Naturalismus)	AR 35
Orwell-Huxley-Golding: Animal Farm/Brave New World/1984/ Lord of the Flies	AR 40
Saint-Exupery, A. de: Der kleine Prinz	AR 56
Salinger, J.: Der Fänger im Roggen u. a.	AR 39
Sartre, J.-P.: Das dramatische Werk I	AR 58
Sartre, J.-P.: Das dramatische Werk II	AR 63
Schiller, Fr.: Don Karlos	AR 46
Schiller, Fr.: Kabale und Liebe	AR 44
Schiller, Fr.: Maria Stuart	AR 43
Schiller, Fr.: Die Räuber	AR 51
Schiller, Fr.: Wilhelm Tell	AR 5
Tieck, L.: Der blonde Eckbert/Der Runenberg/Die Elfen	AR 69
Zuckmayer, C.: Der Hauptmann von Köpenick	AR 50
Zweig, St.: Schachnovelle	AR 66

Weitere Bände in Vorbereitung!